REALIEN ZUR LITERATUR
ABT. D:
LITERATURGESCHICHTE

KARL S. GUTHKE

Das deutsche bürgerliche Trauerspiel

4., durchgesehene Auflage

MCMLXXXIV
J. B. METZLERSCHE VERLAGSBUCHHANDLUNG
STUTTGART

1. Auflage 1972 (1.–5. Tsd.)
2. Auflage 1976 (6.–10. Tsd.)
3. Auflage 1980 (11.–15. Tsd.)
4. Auflage 1984 (16.–20. Tsd.)

CIP-Kurztitelaufnahme der Deutschen Bibliothek

Guthke, Karl S.:
Das deutsche bürgerliche Trauerspiel /
Karl S. Guthke. – 4., durchges. Aufl.,
(16.–20. Tsd.) – Stuttgart: Metzler, 1984. –
(Sammlung Metzler; M 116: Abt. D,
Literaturgeschichte)
ISBN 3-476-14116-0

NE: GT

ISBN 3 476 14116 0

M 116

 Satz und Druck: Gulde-Druck GmbH, Tübingen
Printed in Germany

Inhalt

Abkürzungen

Abt.	Abteilung
ADB	Allgemeine Deutsche Biographie
bgl.Tr.	bürgerliches Trauerspiel
Diss.	Dissertation
DLD	Deutsche Literatur-Denkmäler
dt.	deutsch
DVjs.	Deutsche Vierteljahrsschrift für Literaturwissenschaft und Geistesgeschichte
GLL	German Life and Letters
GRM	Germanisch-Romanische Monatsschrift
hrsg.	herausgegeben
Jb.	Jahrbuch
JEGP	Journal of English and Germanic Philology
Jh.	Jahrhundert
Lachmann/Muncker	G. E. Lessing, Sämtliche Schriften, hrsg. v. Karl Lachmann. 3. Aufl. besorgt von Franz Muncker. 23 Bde. 1886–1924.
Masch.	Maschinenschrift (ungedruckt)
MLN	Modern Language Notes
MLR	Modern Language Review
NDB	Neue Deutsche Biographie
N.F.	Neue Folge
Petersen/Olshausen	G. E. Lessing, Werke. Vollst. Ausg. in 25 Teilen, hrsg v. Julius Petersen u. Waldemar v. Olshausen. [1925–35].
RL	Reallexikon der dt. Literaturgeschichte
Tgb.	Tagebücher
Zs.	Zeitschrift

Vorwort zur zweiten Auflage

Für die Neuauflage wurden die Bibliographien auf den neusten Stand gebracht und die Textpartien einer gründlichen stilistischen und sachlichen Revision unterzogen. Dieser sind nicht nur die Besprechungen der ersten Auflage und die neueren Arbeiten zum bürgerlichen Trauerspiel sowie zu einzelnen Exemplaren der Gattung zugute gekommen, sondern auch die eigenen Studien der letzten Jahre, die zu meinem Buch »Literarisches Leben im 18. Jahrhundert in Deutschland und in der Schweiz« (Bern u. München: Francke, 1975) geführt haben.

Der Anforderung dieser Realienbuch-Reihe: *kritische Information* zu bieten, Urteil und Unparteilichkeit zu verbinden, ist in einer Darstellung des deutschen bürgerlichen Trauerspiels nicht leicht zur Zufriedenheit aller Kritiker zu genügen, da das bürgerliche Trauerspiel für viele ein Politikum geworden ist. Was den einen als Fairneß berührt, wirkt auf andere als Zuviel oder Zuwenig an Parteilichkeit. Davon unangefochten, habe ich es jedoch für angezeigt gehalten, meine grundsätzliche Skepsis gegenüber der landläufigen Vorstellung vom bürgerlichen Trauerspiel als kohärenter literarischer Gattung stärker (doch ohne die Verpflichtung zur Sachlichkeit weniger ernst zu nehmen) zu akzentuieren (s. besonders S. 1–4) – in der Hoffnung, dadurch ein kritisches Gespräch in Gang zu bringen über die immer noch viel zu wenig durchdachte Fundierung des Begriffs dieser Gattung in unausgesprochenen traditionellen wissenschaftlichen Vorentscheidungen. Für einen kritischen Anstoß in dieser Richtung danke ich außer den Rezensenten, die so freundlich waren, die eigenständige Forschungssubstanz dieses kleinen Handbuchs zu würdigen, besonders Herrn Dr. Reinhart Meyer, der mich auch auf drei als bürgerliche Trauerspiele bezeichnete Stücke sowie auf die Periochen von zwei verschollenen jesuitischen bürgerlichen Trauerspielen aufmerksam machte (s. u. S. 60), die mir in der ersten Auflage entgangen waren.

Harvard University
Dezember 1975 K. S. G.

Vorwort zur vierten Auflage

Abgesehen von kleinen Ergänzungen und Druckfehlerberichtigungen, stellt der Text der vierten Auflage einen Reprint der dritten dar. Bibliographische Ergänzungen:

S. 32: Dagmar *Walach:* Der aufrechte Bürger, seine Welt und sein Theater. Zum bgl. Tr. im 18. Jh. (Literatur in der Gesellschaft, N.F., Bd II). 1980. (Zu Lillo)

S. 33: George *Lillo:* Der Kaufmann von London oder Begebenheiten Georg Barnwells. Ein bgl. Tr. Übers. v. Henning Adam von Bassewitz (1752). Krit. Ausg. mit Materialien u. einer Einführung, hrsg. v. Klaus-Detlef Müller. 1981.

S. 42: Von bes. Interesse in dem von Vierhaus edierten Band sind Hermann *Lübbe:* Aspekte der politischen Philosophie des Bürgers; Peter *Michelsen:* Der unruhige Bürger. Der Bürger und die Literatur im 18. Jh.; Horst *Günther:* Darstellung der sozialen Wirklichkeit im frühen bgl. Tr.; Gerhard *Sauder:* »Bürgerliche« Empfindsamkeit?

S. 63 u. 69: Knud *Willenberg:* Tat und Reflexion. Zur Konstitution des bgl. Helden im dt. Trauerspiel des 18. Jhs. (Stuttgarter Arbeiten zur Germanistik, Bd III) 1975.

S. 64: Peter *Michelsen:* Zur Entstehung des bgl. Tr. Einige geistes- und literaturgeschichtliche Vorüberlegungen zu einer Interpretation der »Miß Sara Sampson«, in: Literaturwissenschaft und Geistesgeschichte. Festschr. für Richard Brinkmann, hrsg. v. Jürgen Brummack u. a. 1981, S. 83–98.

S. 64 u. 77: Christine *Träger:* Lessing und das bgl. Tr., in: Lessing-Konferenz Halle 1979, hrsg. v. Hans-Georg Werner 1981, S. 292–298. – Jochen *Hörisch:* Die Tugend und der Weltlauf in Lessings bgl. Tr., in: Euphorion LXXIV, 1980, S. 186–197. – Bernd *Witte:* Die Tränen des Vaters. Zu einigen sozialgeschichtlichen Interpretationen von Lessings bgl. Tr., in: Sub tua platano. Festgabe für Alexander Beinlich, 1981, S. 536–543. – M. Kay *Flavell:* Family Conflict in Lessing. Living Through the Fictions, in: Lessing Yearbook XIV, 1982, S. 71–97.

S. 77: Peter *Müller:* Glanz und Elend des. dt. bgl. Tr. Zur Stellung der »Emilia Galotti« in der zeitgenössischen dt. Dramatik, in: Ansichten der dt. Klassik, hrsg. v. Helmut Brandt u. Manfred Beyer, 1981, S. 9–44, 415–418. – Klaus *Peter:* Stadien der Aufklärung. Moral und Politik bei Lessing, Novalis und Friedrich Schlegel. 1980, Kap. 2.

S. 106, Fußnote: Max *Dauthendey:* Frau Raufenbarth. Bgl. Tragödie (1911).

S. 108: Axel *Fritz:* Vor den Vätern sterben die Töchter. Schnitzlers »Liebelei« und die Tradition des bgl. Tr., in: Text & Kontext, X, Teil 2, 1982, S. 303–318. – Jürgen *Jacobs:* Zur Nachgeschichte des Bgl. Tr. im 20. Jh., in: Drama und Theater im 20. Jh. Festschrift für Walter Hinck, hrsg. v. Hans Dietrich Irmscher und Werner Keller, 1983, S. 294–307.

Harvard University
Dezember 1983 K. S. G.

I. Einführung: Bürgerliches Trauerspiel – eine literarische Gattung?

Das bgl. Tr. ist heute eine tote Gattung; schon um die Mitte des vorigen Jahrhunderts ist es ausgestorben. Seit etwa zwanzig Jahren steht es im Brennpunkt des literaturwissenschaftlichen Interesses. Damit ist es jedoch zugleich in die Kampflinie des soziologisch orientierten Dichtungsverständnisses und seines Gegenspiels geraten, wodurch bisher eher die antithetischen doktrinären Positionen geklärt wurden als die Sache selbst. So erweckt der Terminus »bgl. Tr.« heute mehr als je zuvor unklare und gegensätzliche Vorstellungen.

Erschwerend wirkt dabei der Umstand, daß sich unter dem Stichwort »bgl. Tr.« eigentlich nur vier Dramen im kollektiven Gedächtnis der Gebildeten erhalten haben: »Miß Sara Sampson«, »Emilia Galotti«, »Kabale und Liebe« und »Maria Magdalena«. Diese selektive Überlieferung stellt den Historiker vor zwei Probleme.

Erstens: die genannten Tragödien sind zwar die interessantesten und wertvollsten vom Standpunkt der künstlerischen Vollendung und des menschlichen Gehalts; aber die üblich gewordene Konzentration auf diese Höchstleistungen garantiert keineswegs einen angemessenen Eindruck von Eigenart und Bedeutung der Gattung als ganzer oder auch ihrer einzelnen Phasen; vielmehr sieht man sich bei solcher geistes- und literaturwissenschaftlicher oder auch soziologischer Höhenwanderung zunächst einmal mit der Frage nach dem repräsentativen Charakter der in Erinnerung gebliebenen Exemplare der Gattung konfrontiert.

Zweitens: die genannten Stücke markieren den Anfang und das Ende sowie die dazwischenliegenden Höhepunkte der Geschichte der Gattung; aber wie sind schon diese vier – von der Vielzahl der übrigen, z. T. fast verschollenen, ganz zu schweigen – auf einen Nenner zu bringen? Man spricht von »dem bgl. Tr.« als dramatischer Gattung, die eine Geschichte und Entwicklung habe, übersieht jedoch leicht, daß von Entstehung, Entfaltung und Verfall eines sich im wesentlichen gleichbleibenden literarischen Typus nur in sehr lockerem Wortverstand die Rede sein kann. Im Gegenteil: die Bezeichnung »bgl. Tr.«, wie sie in Untertiteln und auch in der Literaturkritik und -theorie von der Mitte des 18. bis zur Mitte des 19. Jhs verwendet wird, charakterisiert Werke, deren Verschiedenheit unter stilistischem, geistesgeschichtlichem und soziologischem Gesichtspunkt so beträchtlich ist, daß man sich fragen muß, ob sie einen brauchbaren Orientierungssinn besitzt und ob vom bgl. Tr. überhaupt als einer dramatischen Gattung oder kohärenten dramatischen Tradition gesprochen werden kann. Wird nicht allzu Disparates künstlich unter einer ebenso vielwie nichtssagenden gattungstypologischen Kategorie zusammengehalten? Oder reicht als einheitliches Kennzeichen des gesamten herkömmlich mit dem Etikett »bgl. Tr.« versehenen Komplexes schon der Gegensatz zu jenem »Heroischen« aus, das bis in die Mitte des 18. Jhs das Weltbild der Tragödie beherrschte – ein Gegensatz, der sich vornehmlich äußert im Ausschalten einer metaphysischen Verursachung des Tragischen und in der Betonung des Menschlich-Mitmenschlichen? Oder genügt als einheitstiftendes Moment für die Gesamtheit dessen, was zwischen 1755 und 1844 an »bgl. Tr.« erschien, etwa der in der Literaturwissenschaft oft behauptete, aber auch bestrittene Umstand, daß hier überall Gesinnung und Lebensgefühl des Bürgertums zum Ausdruck komme – wenn doch unverkennbar ist, daß dieser im Drama erscheinende Geist des Bürgertums sich über die Jahrzehnte hin entscheidend wandelt, im Laufe der »Entwicklung« sogar zum Gegenbild seiner selbst wird: sowohl in positiver Selbstdarstellung wie auch als Gegenstand schärfster Kritik erscheinen kann?

Eine Antwort, oder doch die Voraussetzung für eine Antwort, mag sich ergeben, wenn man nicht nur die einsamen Gipfel-Phänomene betrachtet, sondern die ganze Breite und Dichte des historischen Materials sichtet. Das ist bisher erstaunlicherweise nicht geschehen.

Doch wie ist dieses Material überhaupt erst zu ermitteln? Wenn man auf der Suche *nur* nach der auf dem Titelblatt oder im Vorwort angegebenen Gattungsbezeichnung Ausschau halten wollte, käme man nicht weit: »Emilia Galotti« z. B. fiele von vornherein aus, dazu fast alle Stücke des Sturm und Drang, die gemeinhin als bgl. Tr. gelten. Probleme würfe selbst »Miß Sara Sampson« auf, da Lessing sein »bgl. Tr.« von 1755 in zweiter Auflage als »Trauerspiel« erscheinen ließ (1772). Und wenn der Verfasser ein Stück als bgl. Tr. deklariert, wäre grundsätzlich nach seinen Motiven zu fragen: nutzt er vielleicht nur völlig unberechtigterweise eine Konjunktur aus?

Nähme man andererseits statt des vom Autor selbst gewählten Gattungsetiketts die Qualität des Unheroischen als Kriterium des bgl. Tr., so wäre die Geschichte des bgl. Tr. mehr oder weniger identisch mit der Geschichte der Tragödie seit Lessing.

Zwischen diesen Extremen mehr lavierend als vermittelnd, hat die literaturwissenschaftliche Konvention seit langem, z. T. schon seit dem 18. Jh., einen gewissen Kanon jener Stücke etabliert, die heute üblicherweise als bgl. Tr. gelten. So unreflektiert dieser traditionelle Konsensus ist – eine als Handbuch gedachte Darstellung hat keine Wahl, als sich ihm prinzipiell, wenn auch nicht unkritisch, anzuschließen. Aber auch die stofffreudigste Sichtung des gesamten Komplexes, die sich zunächst heuristisch an den Kanon hält und dann seinen engeren und weiteren Umkreis erschließt, vermag nicht zu einer Patentlösung der Frage zu gelangen, ob von einer echten Kontinuität der Gattung über fast ein Jahrhundert hin, ob und inwiefern also überhaupt von einer Gattung oder Untergattung »bgl. Tr.« die Rede sein kann. Eher lockert sich der Zusammenhang noch mehr, als ohnehin zu vermuten war. Der Grund dürfte in dem außerliterarischen Kriterium »bürgerlich« zu suchen sein, das für die Gattung (wie man sie herkömmlich auffaßt) konstitutiv ist. Die Geschichte des Bürgertums und des bürgerlichen Bewußtseins mag von der Mitte des 18. bis zur Mitte des 19. Jhs ihre eigentümliche Logik und Kohärenz besitzen: das heißt aber nicht, daß die Geschichte des bgl. Tr. als literarischer Gattung ihrerseits eine Kontinuierlichkeit besäße, die sui generis wäre, nämlich nicht nur sozialhistorisch, sondern auch literarhistorisch eine »Reihe« bildete. Daß das bgl. Tr. in jedem Stadium bürgerliche Verhältnisse und bürgerliches Bewußtsein zur Anschauung bringt, kann heutiger Gattungspoetologie kaum als Klassifikationsbasis genügen; nach einem solchen Kriterium zu urteilen ist, überspitzt formuliert, ein Rückfall in die Denkweise der Barockpoetik, die die Gattungen nach dem Inhalt, dem stofflichen Vorwurf, bestimmte. Solange es daher noch an dem erforderlichen Quantum von zugleich extensiven und detaillierten gestaltungsgeschichtlichen Untersuchungen fehlt, die eine literarische Kontinuität in Sprachgebung, Motivbehandlung, Menschengestaltung und verwandten dramatischen Techniken plausibel machen, hat man die Wahl zwischen nur zwei Möglichkeiten: Entweder man behauptet die Einheit und Kontinuierlichkeit der Gattung »bgl. Tr.« von Lessing bis Hebbel auf Grund der Kontinuität in der Geschichte des im bgl. Tr. reflektierten Bürgertums und seiner Mentalität, oder man verwirft die kanonisierte Vorstellung von der Gattung und der Geschichte des deutschen bgl. Tr. als literaturwissenschaftlich unbegründet und zu viel Verschiedenes gewaltsam und nur scheinbar harmonisierend. In diesem Falle wären Sinn und Geltung des Begriffs »bgl. Tr.« einzuschränken auf den empfindsamen Typus des Genres, der – von der direkten Behandlung gesellschaftspolitischer Probleme bewußt absehend – Themen des familiären Privatlebens im Medium einer »rührenden« Sprache und Motivik gestaltet. Mit ihm verglichen, stellten dann die beiden anderen Typen des bgl. Tr. – der hauptsächlich durch »Emilia Galotti« und »Kabale und Liebe« vertretene, auf den Ständekonflikt als Thema konzentrierte und der Hebbelsche, gegen die Mentalität des Bürgertums gerichtete – wesentlich andersartige Phänomene dar.

Die vorliegende kritische Sichtung bevorzugt – bei aller in einem Realienbuch gebotenen Unparteilichkeit – die zweite dieser Möglichkeiten. Nicht zuletzt tut sie dies im Hinblick auf ihren eigenen, durch den Forschungsstand indizierten Beitrag zur Ermittlung der Grundlagen der Gattung »bgl. Tr.«: ihren Versuch, erstmalig sämtliche deutsche Dramen zu erfassen, die sich auf der Titelseite oder im Vorwort als bgl. Tr. ausgeben (s. u. S. 59–62). Ohne die bezeichneten Vorbehalte aus den Augen zu verlieren, darf als überraschendes Teilergebnis festgehalten werden, daß die große Masse dieser Stücke, nämlich 40 (dazu noch fünf Übersetzungen), in die Zeit von der Mitte der fünfziger bis zum Ende der neunziger Jahre des 18. Jhs fällt und daß diese Stücke überwiegend, mit nur fünf Ausnahmen, dem Typus des empfindsamen bgl. Tr. angehören. (Die Ausnahmen, die ihrerseits nicht ohne empfindsame Einschläge sind, stellen keinen gemeinsamen Typus dar.) Nach 1800 kommen dann nur noch Ludwig Roberts »Die Macht der Verhältnisse« (1819) und »Maria Magdalena« (1844) hinzu, abgesehen von zwei unbedeutenden Dramen um die Jahrhundertwende (s. u. S. 106, Anm.) und der ironischen Verwendung der Untertitelbezeichnung bei Adolf Muschg (1968) und R. W. Fassbinder (1971).

II. Anfänge und Grundlagen

1. Wort und Begriff in der Entstehungszeit

Praktisch und theoretisch begründet sich das deutsche bgl. Tr. als eins der Produkte der literaturgeschichtlich fruchtbaren Umbruchszeit um die Mitte des 18. Jhs. 1755 erschien sowohl das erste deutsche Originaldrama, das sich im Untertitel als »bgl. Tr.« ausweist, *Lessings* »Miß Sara Sampson«, wie auch die erste systematische Abhandlung über die Theorie des neuen Genres, Gottlob Benjamin *Pfeils* Aufsatz »Vom bürgerlichen Trauerspiele« (in den von Johann Daniel Tietz herausgegebenen »Neuen Erweiterungen der Erkenntnis und des Vergnügens«, Bd VI, 31. Stück, S. 1–25). Den Neuheitswert, das Erstaunliche und Revolutionäre dieser Erscheinung bezeugt zum Beispiel Lessings Selbstrezension in der »Berlinischen privilegirten Zeitung« vom 3. Mai 1755: »Ein bürgerliches Trauerspiel! Mein Gott! Findet man in Gottscheds critischer Dichtkunst ein Wort von so einem Dinge?« (Lachmann/Muncker, Bd VII, S. 26).

Was bedeutet in dieser Zeit »bürgerlich« als Attribut von »Trauerspiel«? Die soziologische Vorstellung, die sich mit Selbstverständlichkeit einstellt, kann, wie schon die Frühgeschichte des Begriffs »bgl. Tr.« zeigt, irreführend sein – was jedoch nicht bedeutet, daß sich damit die Ansicht einiger neuerer Forscher bestätigt, daß das bgl. Tr. im Grunde unbürgerlich sei (vgl. Kap. III, 1).

Die Bezeichnung »bgl. Tr.« wird schon einige Jahre vor 1755 gebraucht. Zum erstenmal taucht sie 1750 auf, im zweiten Heft der von Lessing und Christlob Mylius herausgegebenen Zeitschrift »Beyträge zur Historie und Aufnahme des Theaters«.

Hier wird unter der Überschrift »Theatralische Neuigkeiten aus Paris« über Voltaires »comédie« »Nanine« (1749) berichtet: die »Materie«, nämlich »der tragische Inhalt« des Stücks, sei »mehr zu einem bürgerlichen Trauerspiele als zu einer guten Tragikomödie geschickt« (Petersen/Olshausen, Bd XII, S. 73). Allerdings handelt es sich bei dieser Äußerung nicht um ein Originalurteil, sondern um eine wörtliche Übersetzung einer Stelle aus der in Den Haag verlegten Zeitschrift »La Bigarure ou Meslange curieux, instructif et amusant...«, wo es heißt: »Le sujet est plus propre à faire une espece de Tragédie Bourgeoise, qu'à faire une Tragicomédie d'un bon ordre« (Bd I, 1749, S. 55). Als Übersetzer wird Lessing vermutet (Petersen/Olshausen, Bd XII, S. 17). Der französische Terminus war nicht neu. Voltaire selbst gebrauchte ihn im Vorwort zu »Nanine«, allerdings ohne sein eigenes Drama als »tragédie bourgeoise« zu deklarieren. Zuerst scheint er am 10. Nov. 1733 in einem Brief von Michel Linant an Pierre Robert Le Cornier de Cideville vorzukommen, wo zugleich eine ungefähre Vorstellung von der Gattung vermittelt wird. Über ein projektiertes Drama schreibt Linant: »C'est une tragédie bourgeoise que j'ay fondée sur un espèce de conte bleu que m'a fait mdme Duchatelet. Je suis persuadé qu'on est las au théâtre françois de la dureté des tirans et de la fierté des princesses, des vers guindez et des chapeaux de plumes, qu'il ne s'y agit pas tant de faire paroître des rois que d'exprimer des passions« (»Voltaire's Correspondence«, hrsg. v. Theodore Besterman, Bd III, Genf 1953, S. 177). Eine Definition wird jedoch weder hier noch in der »Bigarure«-Stelle über Voltaires »Nanine« gegeben. Da es sich aber bei Voltaires Stück um ein Exemplar der damals sehr populären, typologisch zwar keineswegs uniformen, mittleren Gattung handelt, nämlich ein in freiherrlichem Hause spielendes, mit Komik verbrämtes Rührstück um das Thema der zunächst verhinderten, dann ermöglichten Liebesheirat des Barons mit einer Gärtnerstochter, liegt die Vermutung nahe, daß hier mit »bgl. Tr.« (»tragédie bourgeoise«) so viel wie »comédie larmoyante« gemeint sei, genauer jene Variante der Gattung, die Ernst und Scherz vereint – nicht aber ein unter Angehörigen des dritten Standes spielendes Drama.

Als bedeutungsidentisch mit rührendem Lustspiel ist der Ausdruck »bgl. Tr.« im 18. Jh. vielfach belegt, im Französischen schon in den dreißiger Jahren (Voltaire an Jeanne Françoise Quinault, 26. Nov. 1736; Desfontaines am 20. April 1737 in seinen »Observations sur les écrits modernes«, Bd VIII, S. 234; weitere Beispiele bei Nolte, S. 55–56), im Deutschen erst nach der Jahrhundertmitte, zuerst, und zwar programmatisch als Vorschlag zur gattungstypologischen Verständigung, 1751 bei Johann Adolf Schlegel in der Abhandlung »Von der Einteilung der Poesie« im Anhang zu seiner Übersetzung von Batteux' »Les Beaux Arts réduits à un même principe« (S. 316). Gelegentlich wird der Terminus »bgl. Tr.« sogar noch im 20. Jh. als Äquivalent für rührendes Lustspiel beibehalten (Erich Auerbach, »Mimesis«, 1946, S. 383) wie auch umgekehrt »weinerliches Lustspiel« für bgl. Tr. (Josef Clivio, »Lessing und das Problem der Tragödie«, 1928, S. 108).

Es trifft jedoch nicht zu, daß, wie häufig zu lesen ist, bgl. Tr. und »comédie larmoyante« im 18. Jh. generell und definitionsgemäß als identisch verstanden worden wären. Im Gegenteil ist besonders in den fünfziger Jahren, als die Bezeichnung allmählich in Umlauf kommt, der Bedeutungsinhalt der neuen Gattung noch vielfach unbestimmt, schwankend, vieldeutig und verwirrend, für den Historiker nicht weniger als für die Zeitgenossen. In dieser Zeit gibt es einfach keinen allgemein oder auch nur weithin anerkannten Begriff des »bgl. Tr.«

Grimm äußert in seiner »Correspondance littéraire« noch am 15. Mai 1768 seine Verwirrung über die Mißverständlichkeit, wenn er über Saurins Bearbeitung von Moores »Gamester«, die »tragédie bourgeoise« »Béverley«, schreibt: »Si *Béverley* est une tragédie, pourquoi est-elle bourgeoise? S'agit-il ici des malheurs qui ne peuvent arriver qu'à des bourgeois? ou bien ce qui est tragique pour des bourgeois est-il comique pour des princes?« (hrsg. v. Maurice Tourneux, Bd VIII, 1879, S. 74). Ähnlich Hamann 1763 im vierten »Hirtenbrief« über das Schuldrama: »Es ist meines Wissens noch kein Jahrhundert, da ein bürgerliches Trauerspiel einer ähnlichen Ungereimtheit beschuldigt werden konnte, weil das Beywort den Bestandtheilen der Erklärung von einem Trauerspiele widersprach, und was dem Merkmale eines Dinges widerspricht, dem Dinge selbst widerspricht, nach einer Regel ›die keines Beweises fähig ist‹« (»Sämtliche Werke«, hrsg. v. J. Nadler, Bd II, 1950, S. 360).

Bezeichnend ist, daß *Lessing* 1754 in seinen Bemerkungen zu Chassirons und Gellerts Abhandlungen über das weinerliche Lustspiel, die er im ersten Stück seiner »Theatralischen Bibliothek« abdruckt, bgl. Tr. und ernstes Lustspiel durchaus als zwei benachbarte, aber keineswegs identische Gattungen auseinanderhält. Seine Ansichten über das ernste Lustspiel äußert er an dieser Stelle, während er über das bgl. Tr. eine eigene Abhandlung verspricht, die allerdings nicht über Vorarbeiten, »eine Menge unordentlicher Gedanken«, hinausgekommen ist (Lessing an Nicolai, 20. Juli 1756). Noch 1766, in Löwens Vorrede zum vierten Teil seiner »Schriften«, gilt die Unterscheidung als selbstverständlich. *Gellert* bemüht sich 1749 um die theoretische Begründung des ernsten Lustspiels, was ihm nicht gleichbedeutend ist mit der des bgl. Tr. *Nicolai* beschäftigt sich 1756 umgekehrt mit der genretypologischen Festlegung des bgl. Tr., was für ihn nicht dasselbe ist wie die Erörterung der weinerlichen Komödie (an Lessing, 31. August 1756).

Ein früher Beleg für einen anderen Aspekt der Unbestimmtheit des Begriffs »bgl. Tr.« in den fünfziger Jahren hängt mit dem erwähnten ersten Vorkommen des Worts zusammen. Dort wurde die neue Gattung ausdrücklich gegen die

Tragikomödie abgegrenzt; doch in einer der nächsten Erwähnungen des Worts wird »bgl. Tr.« zwar auch als eine Bezeichnung unter anderen für die »comédie larmoyante« vorgeschlagen, zugleich aber mit dem Alternativ-Etikett »Tragikomödie« gleichgesetzt: 1751 schreibt *Gottsched* in der vierten Auflage der »Critischen Dichtkunst« (noch nicht in der dritten, die Lessing offensichtlich im Sinn hatte, als er in der zitierten Rezension von »Miß Sara Sampson« künstlich entrüstet behauptete, die »Critische Dichtkunst« kenne den Ausdruck nicht): »Noch andere wollen aus der beweglichen und traurigen Komödie, die von den Franzosen Comedie larmoyante genennet wird, eine eigene neue Art machen. Allein wenn es ja eine solche Art von Schauspielen geben kann und soll: so muß man sie nur nicht Komödien nennen. Sie könnten viel eher bürgerliche, oder adeliche Trauerspiele heißen; oder gar Tragikomödien, als ein Mittelding zwischen beyden, genennet werden« (S. 643–644).

Erstaunlich ist an Gottscheds Äußerung ferner die Gleichung: »bürgerliche, oder adeliche Trauerspiele«. Denn hier dürfte das Adjektiv »bürgerlich« doch einen sozialständischen Sinn oder mindestens Nebensinn haben, den es bisher als Attribut von »Trauerspiel« nicht zur Schau getragen hatte und der in der neueren westlichen Forschung gelegentlich geleugnet wird (vgl. Kap. III, 1).

Doch nimmt Gottsched, indem er sich auf den sozialen Stand der dramatis personae bezieht, das Standeskriterium nicht sofort durch den Zusatz »oder adeliche« wieder zurück? Hier klärt ein Blick auf die genaueren Bestimmungen der sogenannten Standesklausel, die sich seit dem Grammatiker Diomedes (4. Jh. n. Chr.) und dann vor allem im Humanismus und Barock als Vorschrift herausgebildet hatte – oft im Anschluß an die vorwiegend deskriptive Poetik des Aristoteles, die jedoch, wie auch die »ars poetica« des Horaz, in diesem Punkt keineswegs eindeutig war (Kap. 5 und 9). Diese Klausel, die trotz mancher Anfeindungen (Corneille, Vorrede zu »Don Sanche«, 1650; Mitternacht, Epilog zu »Der unglückselige Soldat und vorwitzige Barbirer«, 1662) noch weit bis ins 18. Jh. Geltung besaß, besagte, daß eins der Kriterien, nach denen Komödie und Tragödie zu scheiden seien, der Stand der Dramenfiguren sei. Die Tragödie ist demzufolge, mit den Worten der »Critischen Dichtkunst«, »eine Nachahmung einer Handlung, dadurch sich eine vornehme Person harte und unvermuthete Unglücksfälle zuzieht«, wobei diese Personen gleich näher ausgewiesen werden als die »Großen dieser Welt« (4. Aufl., S. 606). Hingegen: »Die Personen, die zur Komödie gehören, sind ordentliche Bürger, oder doch Leute von mäßigem Stande, dergleichen auch wohl zur Noth Baronen, Marquis und Grafen sind«, die nachdrücklich von den »Großen dieser Welt« unterschieden werden (S. 647). Ähnlich z. B. Scaligers Poetik (1561) und, wenn auch etwas weniger spezifisch und flexibel, Opitz' »Buch von der deutschen Poeterey« (1624).

Gottscheds Freistellung: »bürgerliche, oder adeliche Trauerspiele« ergibt sich also aus dem ihnen gemeinsamen Gegensatz – hinsichtlich des Standes der Figuren – zur heroischen Tragödie, die unter den »Großen dieser Welt« spielt. Entsprechend treten in »bgl. Tr.« des 18. Jhs außer Bürgern häufig auch Adelige auf. Mit dem Bürgertum zusammen bilden sie, was man zeitgenössisch unter »Mittelstand« versteht (Wierlacher, S. 62), die soziale Schicht also, die nach bisher geltender Auffassung in die Komödie gehörte. Daß aber »bürgerlich« in der neuen Gattungsbezeichnung nicht immer notwendigerweise diesen Mittelstand insgesamt meint, bezeugt Gottscheds »oder«, das dem Attribut »bürgerlich« einen soziologisch genaueren Sinn gibt. Ihn bestätigt ein anonymer Rezensent, der am 17. Juni 1755 in der »Staats- und gelehrten Zeitung des Hamburgischen unpartheyischen Correspondenten« über »Miß Sara Sampson« schreibt: »Der Personen wegen sollte es ein *adeliches* [Trauerspiel] heißen« (Julius W. Braun, »Lessing im Urtheile seiner Zeitgenossen«, Bd I, 1884, S. 60). Daraus ist abzulesen, daß »bürgerlich« in der Bezeichnung »bgl. Tr.« um 1750 zumindest einen ständischen Nebensinn besitzen kann. Bestätigt wird das ferner durch einen Artikel im Jahrgang 1755 der »Neuen Erweiterungen«, der Lessings »Henzi« im Hinblick auf den Stand der Personen ein bgl. Tr. nennt (Bd V, 26. Stück, S. 155; vgl. Bd VI, 32. Stück, S. 129–130).

Nun ist aber das Adjektiv »bürgerlich« selbst, nicht anders als seine Grundform »Bürger«, im 18. Jh. (wie heute noch) mehrdeutig, was wiederum die Unbestimmtheit des neuen gattungstypologischen Begriffs erhöht. Neben der soziologischen Bedeutung (auf den dritten Stand bezüglich) hat es vornehmlich den Sinn von civilis (als Derivativ von »Bürger« im Wortverstand von »verantwortliches Mitglied eines Gemeinwesens«); außerdem bedeutet es so viel wie rein oder allgemein »menschlich« und privat, häuslich, familiär im Gegensatz zum Geschichtlich-Politischen, Öffentlichen und Heroischen. Der Bürger ist der auf die Gemeinschaft bezogene Mensch, wie die Moralischen Wochenschriften ihn befürworten, in Pflichten und Verantwortung an andere gebunden, fern der »großen Welt« der Herrschenden und ihrer Politik. Im überwiegenden

Maße ist dies in den fünfziger und sechziger Jahren der primäre Sinn von »bürgerlich« in der Bezeichnung »bgl. Tr.« Gerade in Deutschland, wird im 18. Jh. gern behauptet, findet ein solcher »bürgerlicher« Lebensstil, eine solche »bürgerliche« Gesinnung fruchtbare Entstehungsbedingungen, da es hier – von religionshistorischen Gründen abgesehen – an Nationalgeist fehle. Deshalb ist »der Staat ein zu allgemeiner Begriff«, das »Staatsinteresse« des heroischen Trauerspiels »von sehr schwachem Effekt«, wie C. H. Schmid, Lessing (s. u. S. 72) fast wörtlich wiederholend, 1768 formuliert (S. 211).

Wenn aber der Untertitel »bgl. Tr.« in der Aufklärung als Hinweis auf die Darstellung des Privatlebens zu verstehen ist, bleibt er dann nicht trotzdem standesbezogen, sofern nämlich das Ethos des verantwortungsbewußten, unhöfischen Privatmenschen als die Ideologie des derzeitigen Bürgertums gilt? Hätte mithin die Eroberung der tragischen Bühne durch den Bürger auch einen sozialemanzipatorischen Sinn? (Vgl. Kap. III, 1). Weitere Belege für den Gebrauch von »bgl. Tr.« aus der Zeit von 1751 bis 1755 deuten jedenfalls auf einen ständischen Sinn oder Nebensinn des »Bürgerlichen« des bgl. Tr.

Während die Stelle in den »Beyträgen« von 1750 noch keinen Schluß auf eine soziologische Vorstellung zuließ, die den Begriff konstitutiv bestimmte, ist eine solche Assoziation nicht von der Hand zu weisen, wenn H. A. *von Bassewitz* seine Übersetzung von Lillos »London Merchant«, »Der Kaufmann von Londen oder Begebenheiten Georg Barnwells« (1752), mit der Gattungsbezeichnung »Ein bürgerliches Trauerspiel« versieht. Denn obwohl er hierin nur seiner unmittelbaren Vorlage, der französischen Übertragung durch Pierre Clément folgt, die das englische »tragedy« durch »tragédie bourgeoise« wiedergegeben hatte (1748), ist der Gedanke an einen sozialständischen Sinn von »bürgerlich« erlaubt: Es handelt sich um ein Stück, das nicht nur in einem prononciert bürgerlichen, nämlich kaufmännischen Milieu spielt, sondern auch expressis verbis ein ökonomisch fundiertes bürgerliches Standesbewußtsein gegenüber der Aristokratie bekundet. Doch ist hier der Erkenntniswert der Bezeichnung »bgl. Tr.« für die deutschen Verhältnisse begrenzt, da ihr soziologischer Sinn natürlich nur auf die Situation in England bezogen werden kann, wo die gesellschaftliche und ökonomische Emanzipation des Bürgertums entschiedenere Formen angenommen hatte als in den deutschsprachigen Territorien. Eben diese ausländischen ökonomisch-sozialen Bedingungen hat auch *Lessing* 1754 in seiner Vorbemerkung zum

Abdruck der erwähnten Abhandlungen über das weinerliche Lustspiel im Sinn, wenn er von der den Engländern zugeschriebenen Begründung des bgl. Tr. behauptet, man habe es für »unbillig« gehalten, »daß nur Regenten und hohe Standespersonen in uns Schrecken und Mitleiden erwecken sollten; man suchte sich also aus dem Mittelstande Helden, und schnallte ihnen den tragischen Stiefel an, in dem man sie sonst, nur ihn lächerlich zu machen, gesehen hatte« (Lachmann/Muncker, Bd VI, S. 6).

Allerdings bringt Lessing den soziologischen Sachverhalt anschließend mit dem »Naturell« des Engländers in Verbindung, der »alles grosse zu sich hernieder ziehen« wolle und dem es »ärgerlich« gewesen sei, »gekrönten Häuptern viel voraus zu lassen; er glaubte bey sich zu fühlen, daß gewaltsame Leidenschaften und erhabne Gedanken nicht mehr für sie, als für einen aus seinen Mitteln wären« (S. 7). Als Bindeglied wäre vielleicht der im 18. Jh. naheliegende Gedanke anzusetzen, daß die Engländer eben durch ihr Naturell zur bürgerlichen Nation prädestiniert seien (vgl. die Polemik N. H. Smiths in »Erasmus« XIX, 1967, Sp. 422, gegen Pikulik, der S. 177 behauptet, Lessing gehe hier »nicht von der Kategorie des Ständischen aus«, berufe sich vielmehr auf »nationale Eigenarten«). »Bgl. Tr.« hat also auch hier, 1754, ständische Assoziationen, wenn auch auf England bezogene.

»Miß Sara Sampson« trägt den Untertitel »bürgerliches Trauerspiel« nicht aus denselben Gründen wie der »Kaufmann von Londen«. Das bürgerlich-kaufmännische Standesbewußtsein fehlt. »Bürgerlich« deutet hier in erster Linie auf die Darstellung familiärer, häuslicher, mitmenschlicher Verhältnisse. Die ständische Zuordnung (das Nicht-»Ritterliche«) der Personen und ihres Ethos wird vermerkt, aber nur ganz am Rande (I, 7), was jedoch die Schlußfolgerung nicht verhindert hat, »bürgerlich« sei hier »auch Standesbegriff« (Eibl, S. 141).

Markanter kommt diese Doppeldeutigkeit von »bürgerlich« in *Pfeils* fast gleichzeitiger Abhandlung über das bgl. Tr. zum Vorschein. Der Verfasser nimmt sich vor, die Rechtmäßigkeit der Nachahmung auch einer solchen »Handlung« nachzuweisen, »wodurch eine Person bürgerlichen Standes [statt »vornehme Person«] auf dem Theater als unglücklich vorgestellet wird« (§ 1). Das setzt voraus, daß die für das Trauerspiel erforderliche Würde und Größe im Unglück, daß ferner die Fähigkeit, die tragischen Emotionen zu erregen, nicht mehr als Privileg nur des höchsten Standes aufgefaßt werden (§§ 2 und 15). Das solchem Denken entsprechende »bgl. Tr.« ist also zunächst in dem – soziologischen – Sinn bürgerlich, daß es

Angehörige des Bürgertums auf die Bühne bringt. Als Beispiele nennt Pfeil Lillos »London Merchant« und Moores »Gamester«. Er hat also als Personal des bgl. Tr. eine bestimmte soziale Schicht im Auge. Der Stand der Dramengestalten ist sogar das »vornehmste Unterscheidungszeichen« der neuen Gattung (§ 5). Nach unten hin wird diese Schicht vom Pöbel abgegrenzt, der hier nicht eine Gesinnungsgemeinschaft, sondern eine soziale Gruppe bezeichnet, nach oben hin gegen die Fürsten und Könige. Die in Frage kommende soziale Schicht wird als »Mittelstand« beschrieben, der als solcher ähnlich wie bei Gottsched das gesamte dazwischen liegende gesellschaftliche Spektrum umfaßt: »Kein Schneider, kein Schuster ist einer tragischen Denkungsart fähig. Es giebt einen gewissen Mittelstand zwischen dem Pöbel und den Großen. Der Kaufmann, der Gelehrte, der Adel, kurz Jedweder, der Gelegenheit gehabt hat, sein Herz zu verbessern, oder seinen Verstand aufzuklären, gehöret zu denselben« (§ 12). Pfeil denkt also soziologisch; doch schränkt er das Personal des bgl. Tr. nicht auf den Bürgerstand ein. Denn auf den »gemeinen Adel« werden die gattungsspezifischen »Schranken des bürgerlichen Standes« ausdrücklich »ausgedehnet« (§ 5). Darüber hinaus weist aber die qualitative Definition des sozialen Standes (der Mittelstand als Bereich des verbesserten Herzens und des aufgeklärten Verstandes) wie auch der Nachsatz: »Diese Leute sind jederzeit desjenigen Grades der Tugend und des Lasters fähig, den die tragische Schaubühne erfordert«, darauf hin, daß Pfeil seine »Bürger« keineswegs als Vertreter bürgerlichen Selbstbewußtseins verstanden wissen will, wie Krueger (S. 184) behauptet, oder gar als Klassenkämpfer, was auch Krueger (S. 187) ablehnt. Vielmehr sind sie als Angehörige des »Mittelstandes« und als gebildete Menschen in betonter Weise durchschnittliche Privatpersonen. »Angelegenheiten einiger Privatpersonen« sind im Gegensatz zum öffentlich-staatlich-nationalen Interesse der Gegenstand des bgl. Tr. nach der Auffassung Pfeils (§ 3). Daraus folgt jedoch nicht, daß die soziale Schicht der dramatis personae für Pfeil im Grunde irrelevant sei (Wierlacher, S. 61, 63). Auch wenn »bürgerlicher Stand« nur »Gesinnungsbegriff« und Gegenbegriff zum »Stand der Helden« wäre (Wierlacher, S. 63, 75), bleibt »Mittelstand« als Definition des Rangs der Figuren nach obiger Beschreibung ein eindeutig ständischer, nicht nur ein gesinnungstypologischer Begriff.

Aus dem Mittelstand, wie Pfeil ihn versteht, der also den Adel außer dem höchsten einschließt, ist das Personal so gut wie aller bgl. Tr. der fünfziger und sechziger Jahre genommen. Zugleich wird jedoch diese Standeszugehörigkeit seit Pfeils Abhandlung über das bgl. Tr. belanglos, die Kategorie des Ständischen »ungültig« (Pikulik, S. 171; Wierlacher, Valdastri-Einleitung, S. XIV), jedenfalls in dem Sinne, daß Fragen des Standes und standesgemäßen Verhaltens nicht zur Debatte gestellt werden. In Theorie und Praxis spielt die Zugehörigkeit des Personals zum Mittelstand eigentlich nur noch insofern eine Rolle, als sie als selbstverständlich vorausgesetzt wird, wodurch sie aus dem Blickpunkt des Interesses rückt. Das zweite Moment in der Begriffsbestimmung Pfeils verselbständigt sich in Theorie und Praxis; die anfängliche begriffliche Verwirrung klärt sich. Das bgl. Tr. der fünfziger und sechziger Jahre ist ein Familien- oder »Privat-Trauerspiel«, wie Wieland es 1773 genannt hat (Ak.-Ausg., 1. Abt., Bd XXI, S. 37). Es geht darin um Probleme nicht des ständischen Daseins oder gar Klassenkampfes, sondern des häuslichen Lebens und moralischen Verhaltens. Der »Bürger« ist der Privatmensch im Familienkreis, im Gegensatz nicht zum adeligen, sondern zum öffentlichen, politischen Menschen, zum König oder Helden, der das heroische Trauerspiel mit seinem »Staatsinteresse« beherrscht (Kruuse, Pinatel, Nolte, Pikulik, Wierlacher u. a.). Noch im Dez. 1798 schreibt in diesem Sinn abschließend Christian Heinrich Schmid im Vorwort zu seiner Bibliographie des bgl. Tr. in der »Deutschen Monatsschrift«: »Es wäre allerdings schicklicher, diese Gattung von Trauerspielen *häusliche Tragödien*, oder, *tragische Familiengemählde*, als *bürgerliche Trauerspiele* zu nennen. [...] *Bürger* sind hier das Gegentheil von Personen der *heroischen* Tragödie (Regenten großer Staaten, Kriegshelden der Vorzeit, Rittern des Mittelalters u. s. w.) und begreifen vielerley Stände und Klassen von Menschen unter sich. [...] Bey dem *bürgerlichen* Trauerspiel muß allemal *Privat- oder Familieninteresse* zum Grunde liegen« (S. 282–83). Bürgerlich meint also nicht primär den Stand, sondern die Lebensweise, die Gesinnung. Das schließt jedoch nicht aus, daß das bgl. Tr. schon in seiner ersten Phase vom Bürgertum und seinen Idealen getragen wird (s. Kap. III, 1), das heißt: daß die Gesinnung des bgl. Tr. die des Bürgertums der Zeit ist, die dramatische Gattung in diesem Sinne also soziologisch fixiert ist. Daß solche bürgerliche Gesinnung auch Eingang in andere gesellschaftliche Kreise findet, hat in diesem Zusammenhang keine ausschlaggebende Bedeutung.

Nachbemerkung: Klaus Weimar hat neuerdings versucht, die Bedeutung von »bgl.« als Bezeichnung für eine dramatische Gattung aus der Rechtssprache des 18. Jhs. abzuleiten: »bgl.« heiße »so viel wie zivilisiert, gesellschaftlich, in Gesellschaft lebend«. »Gegenüber dem [...] Naturzustand [...] meint ›bgl.‹ einen Stand, in dem eine Obrigkeit durch positive Gesetze regiert«, der aber zugleich zur »Einhaltung des natürlichen Gesetzes« verpflichtet (S. 217–218). Die Schwierigkeit dieser These liegt darin, daß die Diskussion um das bgl. Tr. im 18. Jh. nicht im Hinblick auf juristische Begriffe und Sachverhalte vonstatten geht, sondern als literaturtheoretische Debatte, die ihre eigene Bedeutung des vieldeutigen Wortes entwickelt.

Literatur:

Wortbedeutung (»bürgerlich«):

Johann Christoph *Adelung:* Grammatisch-kritisches Wörterbuch. Bd I, 1774, Sp. 1139–1140.

Jakob und Wilhelm *Grimm:* Dt. Wörterbuch. Bd II, 1860, Sp. 539–540.

Heinz *Birk*: Bürgerliche und empfindsame Moral im Familiendrama des 18. Jhs. Diss. Bonn 1967, S. 5–6.

Alois *Wierlacher:* Zum Gebrauch der Begriffe »Bürger« und »bürgerlich« bei Lessing, in: Neophilologus LI, 1967, S. 147–156.

Klaus *Weimar:* »Bürgerliches Trauerspiel«. Eine Begriffsklärung im Hinblick auf Lessing, in: DVjs. LI, 1977, S. 208–221.

Definition (s. auch die Bibliographie zu Kap. III, 2):

Christian Heinrich *Schmid:* Über das bürgerliche Trauerspiel, in: Unterhaltungen V, 1768. Zitiert nach dem Abdruck in: Litterarische Chronik, hrsg. v. Johann Georg Heinzmann, Bd III, Bern 1788, S. 204–215.

Christian Heinrich *Schmid:* Litteratur des bürgerlichen Trauerspiels, in: Deutsche Monatsschrift, Dez. 1798, S. 282–314. (Mit Bibliographie.)

Fred O. *Nolte:* The Early Middle Class Drama (1696–1774). Lancaster, Pennsylvania, 1935, Kap. II.

Joachim *Krueger:* Zur Frühgeschichte der Theorie des bürgerlichen Trauerspiels, in: Worte und Werte. Bruno Markwardt zum 60. Geburtstag, hrsg. v. Gustav Erdmann u. Alfons Schützeichel, 1961, S. 177–192 (über die Abhandlung von G. B. Pfeil, 1755. Zur Autorschaftsfrage s. Alberto *Martino*. Geschichte der dramatischen Theorien in Deutschland im 18. Jh. Bd I: Die Dramaturgie der Aufklärung (1730–1780). 1972, S. 418–420. Wiederabgedruckt ist Pfeils Text in Karl Eibls Edition von Lessings »Miß Sara Sampson«. 1971, S. 173–189).

Wolfgang *Schaer:* Die Gesellschaft im dt. bgl. Drama des 18. Jhs. 1963, S. 5–7.

Gunnar von *Proschwitz*: Drame. Esquisse de l'histoire du mot, in: Studia Neophilologica XXXVI, 1964, S. 9–50.

Lothar *Pikulik:* »Bürgerliches Trauerspiel« und Empfindsamkeit. 1966, bes. S. 6–8 u. 170–176.

Alois *Wierlacher:* Das Bürgerliche Drama. Seine theoretische Begründung im 18. Jh. 1968, S. 29–39.

Alois *Wierlacher*: Einleitung zu: Idelfonso Valdastri: Preisschrift über das bürgerliche Trauerspiel. 1969.

Karl *Eibl* (Hrsg.): Gotthold Ephraim Lessing: »Miß Sara Sampson. Ein bürgerliches Trauerspiel«. 1971, »Kommentar« und »Darstellung«, bes. S. 96–104, 138–142, 164–165, 170–171.

Alois *Wierlacher:* Das bürgerliche Drama, in: Europäische Aufklärung. 1. Teil, hrsg. v. Walter Hinck (Neues Handbuch der Literaturwissenschaft. Bd XI). 1974, S. 137–160.

Geschichte und Weltbild des bgl. Tr. in Deutschland:

Hermann *Hettner*: Das moderne Drama. Ästhetische Untersuchungen. 1852. Neudruck in: DLD d. 18. u. 19. Jhs. Nr 151. 1924. Reprint 1971, Kap. II: »Das bürgerliche Drama«, Abschnitt 2: »Das bürgerliche Trauerspiel«.

Arthur *Eloesser:* Das bürgerliche Drama. Seine Geschichte im 18. u. 19. Jh. 1898. Reprint Genf 1970.

Oskar *Walzel:* Das bürgerliche Drama, in: Neue Jbb. für das klassische Altertum, Geschichte u. dt. Literatur u. für Pädagogik XXXV–XXXVI, 1915, S. 99–129 u. 172–200; auch in O. W.: Vom Geistesleben alter und neuer Zeit. 1922, S. 142–231.

Hanns *Ulmann:* Das deutsche Bürgertum in deutschen Tragödien des 18. u. 19. Jhs. 1923.

Fritz *Brüggemann:* Der Kampf um die bürgerliche Welt- und Lebensanschauung in der deutschen Literatur des 18. Jhs., in: DVjs. III, 1925, S. 94–127.

Henrik *Selver:* Die Auffassung des Bürgers im deutschen bürgerlichen Drama des 18. Jhs. Diss. Leipzig 1931.

Jens *Kruuse*: Det følsomme drama [18. Jh.]. Kopenhagen 1934. (Rez. v. Horst Oppel in: Dt. Literaturztg LVII, 1936, Sp. 2216–2220; A. Jolivet in: Revue de Littérature Comparée XVII, 1937, S. 430–433.)

Joseph *Pinatel:* Le Drame bourgeois en Allemagne au XVIIIme siècle. Lyon 1938.

Elise *Dosenheimer*: Das deutsche soziale Drama von Lessing bis Sternheim. 1949. Reprint 1967.

Arnold *Hauser:* Sozialgeschichte der Kunst und Literatur. Bd II. 1953, Teil 6, Kap. III: »Die Entstehung des bürgerlichen Dramas«, S. 87–104. ^{2}1958; einbändige Sonderausg. 1967.

Ursula *Gauwerky:* Bürgerliches Drama, in: RL, Bd I, 1958, S. 199–203.

Wolfgang *Schaer*: Die Gesellschaft im deutschen bürgerlichen Drama des 18. Jhs. 1963.
Walter *Müller-Seidel*: Nachwort zu: Klassische deutsche Dichtung. Bd XV: Bürgerliches Trauerspiel und soziales Drama. 1964.
Karl S. *Guthke:* Das deutsche bürgerliche Drama des 18. Jhs., in: Handbuch des deutschen Dramas, hrsg. v. Walter Hinck. 1980.

2. Geistes- und literaturgeschichtliche Bedeutung des bürgerlichen Trauerspiels

Das Auftreten des bgl. Tr. um 1755 zeigt nicht etwa, wie naives Wortverständnis und z. T. auch die zeitgenössische Theorie meint, eine bloße Verlagerung des Tragischen in die soziale Sphäre des »Bürgerlichen« an, einen bloßen Kostümwechsel. Vielmehr wandelt sich in der Optik des bgl. Tr. das Tragische selbst grundlegend in Ton, Gehalt, Thematik und Dimension. Die Welt der heroischen Tragödie war die der Geschichte, auch der Sage und des Mythos; der Raum der »Großen« war Wirkungsbereich dessen, was den Menschen, gleich welchen Standes, letztlich bestimmte. Könige und Helden repräsentierten den Menschen schlechthin sub specie aeterni: das Unglück, das sie befiel, war, wie Schopenhauer trotz seines irreführenden Nachgedankens an die »Fallhöhe« bemerkt hat, das durch Menschenkraft Unabwendbare, Absolute (»Die Welt als Wille und Vorstellung«, Bd II, Kap. 37). Thema war das Verhältnis des Menschen zum Übermenschlichen.

Diese Welthaltigkeit, dieser religiöse Fundamentalaspekt geht dem bgl. Tr. im Verlauf seiner ganzen Geschichte ab. Das Menschlich-Mitmenschliche, Moralische, Private, der Mensch in seiner Bindung an die Gemeinschaft rückt ins Zentrum des Interesses. Seine Welt ist ohne Schicksal, das ihn aus einem Jenseits determinierte. Sein Selbstverständnis ist wesentlich immanent. Dem Märtyrer hat die Stunde geschlagen. Ein undurchschaubares grausames Verhängnis kann nicht mehr Tragik begründen. So lehnt *Lessing* den sophokleischen »Ödipus« und Senecas »Hercules Furens« ab als unwürdige Zumutung an das Selbstgefühl des aufgeklärten Menschen (Lachmann/Muncker, Bd VI, S. 196; vgl. »Hamburgische Dramaturgie«, 74. Stück). Die Verursachung des Tragischen wird in den Menschen und die Welt verlegt, was bis zum Interesse am Pathologischen und Psychopathologischen gehen kann. Entsprechend bezeugt das bgl. Tr. in allen seinen Phasen einen ausgesprochenen Sinn für die Verknüpfung von Unglück, Schuld und Charakter, für lükkenlose Motivation also, sowie eine Vorliebe für die Intrige der »devil figures« (Macey) als säkularisiertes Schicksal und später auch Interesse für das determinierende soziale Milieu. »So überzeugt wir auch immer von den unmittelbaren Wirkungen der Gnade seyn mögen«, heißt es im 2. Stück der »Hamburgischen Dramaturgie«, »so wenig können sie uns doch auf dem Theater gefallen, wo alles, was zu dem Charakter der Personen gehöret, aus den natürlichsten Ursachen entspringen muß. Wunder dulden wir da nur in der physikalischen Welt; in der moralischen muß alles seinen ordentlichen Lauf behalten, weil das Theater die Schule der moralischen Welt seyn soll. Die Bewegungsgründe zu jedem Entschlusse, zu jeder Änderung der geringsten Gedanken und Meynungen, müssen, nach Maaßgebung des einmal angenommen Charakters, genau gegen einander abgewogen seyn, und jene müssen nie mehr hervorbringen, als sie nach der strengsten Wahrheit hervor bringen können.«

Der beschriebene Unterschied schließt freilich nicht aus, daß religiöser Horizont und theologische Orientierung im bgl. Tr. erscheinen. Die Theodizee spielt noch eine gewisse Rolle. Aber ganz davon abgesehen, daß die Vorsehung zur Hypostase der Tugend umgedeutet wird: ausgeschaltet bleibt das Metaphysische als Agens des Tragischen; das Weltbild des bgl. Tr. ist wesentlich immanent. Gelegentliche abweichende Bekundungen des Selbstverständnisses einer dramatis persona wie Sara Sampson in V, 10 – Sara vergibt der Hand, durch die Gott sie strafe – können über diesen fundamentalen Sachverhalt nicht hinwegtäuschen (Ackermann [s. u. S. 63], S. 41; Klaus Ziegler in: »Dt. Philol. im Aufriß«, Bd II, ²1960, Sp. 2096 f.; vgl. u. S. 58). Damit erweist sich das bgl. Tr. als Gattung der Säkularisation, die etwas grob, aber zutreffend genug, seit der Mitte des 18. Jhs datiert wird. Ihr Träger ist das Bürgertum, das seine humanitäre »profane Ideologie« eben im Widerspruch gegen die »transzendenten Deutungen« der institutionalisierten Religion herausbildet (Groethuysen [s. u. S. 40]).

Literatur:

Georg von *Lukács:* Zur Soziologie des modernen Dramas, in: Archiv für Sozialwissenschaft u. Sozialpolitik XXXVIII, 1914, S. 303–345, 662–706. Teildruck in: G. L.: Schriften zur Literatursoziologie. ⁶1974, S. 261–295.
Walter *Benjamin:* Ursprung des deutschen Trauerspiels. 1928. 1972.
Josef *Clivio:* Lessing und das Problem der Tragödie. 1928.
Henrik *Selver:* Die Auffassung des Bürgers im deutschen bürgerlichen Drama des 18. Jhs. Diss. Leipzig 1931, S. 19–25.
Walther *Rehm:* Römisch-französischer Barockheroismus und seine

Umgestaltung in Deutschland, in: W. R.: Götterstille und Göttertrauer. 1951, S. 11–61. (Zuerst in: GRM, 1934.)
George *Steiner:* The Death of Tragedy. New York 1961. Dt.: Der Tod der Tragödie. Ein krit. Essay. 1962, bes. Kap. VI.
Wolfgang *Schaer:* Die Gesellschaft im deutschen bürgerlichen Drama des 18. Jhs. 1963, S. 44–50.
Raymond *Williams*: Modern Tragedy. Stanford, California, 1966, Teil 2, Kap. I.
Karl *Schmidt:* Die Kritik am barocken Trauerspiel in der ersten Hälfte des 18. Jhs. Diss. Köln 1967.
Samuel L. *Macey:* Nonheroic Tragedy. A Pedigree for American Tragic Drama, in: Comparative Literature Studies VI, 1969, S. 1–19.

Den Gegenpol zu derartigen auf die geistige und geistesgeschichtliche Dimension gerichteten Erörterungen des bgl. Tr. markiert der neuere, formalistische Versuch Richard *Daunichts*, die Entstehung der Gattung im Zusammenhang der allmählichen Entwertung der kanonischen Geltung der »Regeln« zu verstehen, die die klassizistische Dramatik bestimmten. Das »Bürgerliche« des bgl. Tr. der fünfziger und sechziger Jahre wird dabei schließlich mit dem »Unregelmäßigen« oder auch »Englischen« identifiziert (S. 296). Durchgesetzt hat sich diese These nicht, selbst in der »bürgerlichen« Literaturwissenschaft nicht. Einerseits ist die generelle Auflockerung der Regelgeltung keineswegs auch nur ein Schritt in Richtung auf das bgl. Tr.: zahlreiche bgl. Tr. der fünfziger und sechziger Jahre sind ja durchaus regelmäßig; und in der Theorie des bgl. Tr. wird solche Regelmäßigkeit gelegentlich auch expressis verbis verlangt (Pfeil, § 4; Schmid, »Über das bürgerliche Trauerspiel«, S. 205; Valdastri, S. 96–99). Andererseits ist die spezielle Übertretung der Personal-»Regel«, nämlich der Ständeklausel, die Daunicht für das »Hauptmerkmal« der Gattung hält, wie bereits angedeutet, nicht das entscheidende Charakteristikum des bgl. Tr. des 18. Jhs. Theoretisch zu rechtfertigen war sogar ein tragisches »Familiengemälde aus königlichem Hause« (Schiller über »Don Carlos«; vgl. auch J. A. Engelbrechts ähnliche Ansicht unten S. 47), und Buri schreibt 1793 ein ausdrücklich als solches bezeichnetes »bgl. Tr.«, dessen Hauptperson König Ludwig XVI. von Frankreich ist. Das Vorwort nennt den Grund: »Ludwig war mit allen Eigenschaften bekleidet, welche ihn zum liebenswürdigen Privatmann machen konnten. Er war ein treuer Gatte, ein guter Vater, ein redlicher Freund«, sein Schicksal »rührt uns«. Das entscheidend

Neue der Gattung ist ihr Lebensgefühl, das Menschenbild der moralisch-empfindsamen Privatheit.

Aus der literarischen – statt geistesgeschichtlichen oder gesellschaftlichen – Situation erklärt auch Emil *Staiger*, mehr en passant, die Entstehung des bgl. Tr. in Deutschland, ohne damit allerdings einen (nicht näher erläuterten) Zusammenhang zwischen der Entwicklung der Gattung und dem Aufstieg des Bürgertums in Abrede zu stellen. Für ihn ist der entscheidende Vorgang die allmähliche Radikalisierung des Prinzips der Naturnachahmung in Richtung auf immer größere Lebenswahrheit; sie habe aus eigener Konsequenz um die Jahrhundertmitte zum bgl. Tr. geführt.

Daß sich geistesgeschichtlich-soziologische und immanent literaturgeschichtliche Erklärung des bgl. Tr. nicht ausschließen, sondern ergänzen, betont auch Roger *Bauer* in seinem Versuch, den Aufstieg des bgl. Dramas im 18. Jh. als »rein literarischen Prozeß« zu verstehen: nämlich als »eine mehr oder weniger bewußte Repristination der dritten, mittleren oder gemischten Gattung« zwischen Komödie und Tragödie, der die mittlere der drei Stilebenen der traditionellen Rhetorik entspräche (das »genus mediocre« zwischen dem »genus humile« und dem »genus grave dicendi«). Ein Bewußtsein dieser literaturgeschichtlichen Zusammenhänge dürfte z. B. bei Gottsched lebendig gewesen sein, als er die Wahl ließ zwischen den Bezeichnungen »bgl. Tr.«, »comédie larmoyante« und »Tragikomödie« (vgl. o. S. 8).

An alle diese innerliterarischen Ableitungsversuche ist die Frage zu richten, ob sie es nicht eher mit Sekundärphänomenen zu tun haben, in denen sich gesellschafts- und geistesgeschichtliche Vorgänge formal aussprechen. Die Frage dürfte kaum negativ zu beantworten sein.

Literatur:

Richard *Daunicht:* Die Entstehung des bürgerlichen Trauerspiels in Deutschland. 1963. ²1965. (Rez. von Lothar Pikulik in: Euphorion LVIII, 1964, S. 106–111; Hans Friederici in: Weimarer Beiträge, 1964, S. 629–634; Robert R. Heitner in: JEGP LXIII, 1964, S. 288–301; Étienne Mazingue in: Études Germaniques XIX, 1964, S. 313–314; Eberhard Reichmann in: Monatshefte LVII, 1965, S. 211–213.)

Emil *Staiger:* Rasende Weiber in der deutschen Tragödie des 18. Jhs, in: E. St.: Stilwandel. Studien zur Vorgeschichte der Goethezeit. 1963, S. 38–39. (Zuerst in: Zs. f. dt. Philologie, 1961.)

Roger *Bauer:* Die wiedergefundene dritte Gattung, oder: Wie bürgerlich war das bürgerliche Drama?, in: Révue d'Allemagne V, 1973, S. 475–496.

3. Vorgeschichte in Deutschland

Für das literarhistorische Bewußtsein des 18. Jhs beginnt die Geschichte des deutschen bgl. Tr. mit *Lessings* »Miß Sara Sampson« (1755). Das bezeugen übereinstimmend so verschiedene Quellenwerke wie Johann Friedrich Löwens »Geschichte des deutschen Theaters« von 1766 (»Schriften«, Bd IV, 1766, S. 45) und Christian Heinrich Schmids »Chronologie des deutschen Theaters« von 1775 (Neudruck von Paul Legband, 1902, S. 115). Vor dem Forum der heutigen Literaturgeschichtsschreibung besteht diese Ansicht zu Recht. Der Boden war jedoch seit langem für die neue Gattung bereitet, und zwar weniger in der Theorie, deren gelegentliche Lockerung der Ständeklausel wie z. B. in Michael Conrad Curtius' Kommentar zu seiner Aristoteles-Übersetzung (1753) nicht viel bedeutet, als in der Entwicklung des deutschen Dramas selbst.

Die Gemeinsamkeiten des bgl. Tr. mit dem *rührenden Lustspiel,* das in Deutschland schon in den vierziger Jahren floriert, liegen auf der Hand (s. u. S. 90), wobei freilich im Auge zu behalten ist, daß die von beiden Gattungen erstrebte »Rührung« nicht notwendigerweise identisch ist; Gellerts Unterscheidung von Rührung in der Tragödie und in der Komödie (»Pro comoedia commovente«) gilt z. T. auch im Hinblick auf das bgl. Tr., von dem er nicht ausdrücklich spricht. – In der Entwicklung der deutschen klassizistischen (heroischen) *Tragödie* »verbürgerlicht« sich das Bild des Helden in den vierziger und frühen fünfziger Jahren in dem Sinne, daß er als relativ »menschlicher« (statt nur unempfindlich standhaft und lediglich mit Staatsproblemen befaßt) dargestellt wird (Pikulik, Kap. II); gelegentlich sind auch schon Anflüge der sozialen oder speziell der familiären Tugendmoral des bürgerlichen Dramas der Folgezeit zu beobachten (Selver, S. 8–11; vgl. auch Eibl, S. 110–111, über Gottscheds »bürgerliche« Auffassung seines »Sterbenden Cato«; allerdings trifft Gottscheds Deutung in diesem Punkt nicht ganz den wahren Sachverhalt). – Schließlich mag auch drittens, besonders wieder in den vierziger Jahren, eine gewisse Tradition anti-französischer, *pro-deutscher Stücke,* die an den Deutschen eben die »bürgerlichen« Tugenden verherrlichen, den Schritt zum bgl. Tr. erleichtert haben (Aikin-Sneath).

Überdies werden aber in der Literatur häufig ein paar deutsche Dramen als Vorläufer, Vorstufen oder Vorwegnahmen des bgl. Tr. der zweiten Hälfte des 18. Jhs beansprucht. Von genuinen Vorwegnahmen kann jedoch nicht die Rede sein, allenfalls von Annäherungen.

Als erstes bgl. Tr. in Deutschland bezeichnet man oft Andreas *Gryphius'* 1648/49 entstandenes »Trauer-Spiel« »Cardenio und Celinde« (1657). Gryphius betont in der Vorrede selbst, die Personen seien »fast zu niedrig vor ein Traur-Spiel«. »Die Art zu reden ist gleichfalls nicht vil über die gemeine.« Doch haben die ständische Zuordnung der Personen (die zwar keineswegs genauer fixiert und besonders akzentuiert wird) und der angeblich kaum gehobene Stil (immerhin Alexandriner, barocke Bildlichkeit, mythologische Anspielungen, gelehrte Hinweise) nicht viel zu besagen angesichts der ausgesprochen barocken Geistigkeit, die das Stück bestimmt. Von »bürgerlicher Ideologie« irgendwelcher Art ist keine Spur. Das Thema des Stücks ist Cardenios und Celindes Überwindung ihrer »rasenden«, nämlich unvernünftigen, sündigen sinnlichen Leidenschaft. Schockartig, durch Gespenstererscheinungen wird beiden in einer nächtlichen Gruselszene die Eitelkeit alles Menschlich-Irdischen bewußt; und es ist eine höhere Macht, Gott, die sie durch diesen Schrecken auf den rechten Weg führt. Indem die Liebenden entsagen, bekennen sie sich im Zeichen des »memento mori« zur barockchristlichen, nur noch jenseitsgerichteten Glaubenshaltung. Von daher gehört »Cardenio und Celinde«, so sehr es sich vom heroischen Märtyrerdrama unterscheidet, unmißverständlich in den voraufklärerischen Raum.

Christian *Weise*, der nächste in Vorschlag gebrachte Vorgänger des Verfassers der »Miß Sara Sampson«, gehört diesem Raum nicht mehr an, sondern der diesseitig und lebenspraktisch orientierten Frühaufklärung der Jahrhundertwende. »Ein bürgerliches, ja fast schon proletarisches Trauerspiel« hat man daher noch vor kurzem sein »Trauerspiel von dem Neapolitanischen Haupt-Rebellen Masaniello« (1683) genannt und dessen Vorläuferschaft zu Lillos »London Merchant«, zu »Miß Sara Sampson« und sogar zu Büchners »Woyzeck« behauptet (Burger, S. 83). Unverkennbar ist ein Moment späterer bürgerlich-aufgeklärter politischer Kritik: der Aufstand Masaniellos richtet sich weniger gegen die Privilegien der höheren Stände als gegen den Mißbrauch der vom Monarchen delegierten Machtbefugnisse. Die Rebellion scheitert zwar; doch damit ist über die Warnung vor der Revolution als politischem Mittel hinaus auch die Aufforderung an die Regierenden ausgesprochen, durch Reformen gerechtere Verhältnisse zu schaffen (V, 24), was beides wieder den Geist des aufgeklärten Absolutismus bezeugt. Entsprechend ist hier auch vom Heldenideal der heroischen Barocktragödie nichts mehr übrig geblieben. Aber so sehr damit »in dem Stoff latent die Möglichkeit zum bürgerlichen Trauerspiel« lag, ist Weises Stück dennoch »von dem [...], was im fortschreitenden 18. Jh. als bgl. Tr. aufgefaßt und geschrieben wurde, weit entfernt« (Martini, S. 195). Was Weise davon trennt, ist in erster Linie sein – im sozialen Sinn zwar durchaus als bürgerlich zu deutendes – Bildungsprogramm, das er mit allen seinen Schulstücken verfolgt: Erziehung zur Ausübung von Funktionen im öffentlichen, gesellschaftlichen Leben. Das macht den Weiseschen Dramentypus sui generis. Seinem damit gegebenen Ideal der Weltgewandtheit und Weltkenntnis widerspricht das deutsche bgl. Tr. im 18. Jh. nicht weniger als dem Anspruch des »Masaniello«, eine politische Lehre oder doch zumindest einen Hinweis auf die Problematik des politisch-öffentlichen, geschichtlichen Handelns zu vermitteln. Weises Revolutionsstück steht demgemäß der Haupt- und Staatsaktion (deren Technik der parodistischen Kontrafaktur des Politischen durch den Hanswurst es übrigens auch übernimmt) näher als dem bgl. Tr.

Für Johann Elias *Schlegels* klassizistisches Alexandriner-»Trauerspiel« »Canut« (1746), das zwar noch einen heroischen Stoff aus der mittelalterlichen nordischen Geschichte auf die Bühne bringt, gilt diese Ortsbestimmung schon nicht mehr. Hier befinden wir uns trotz der unter »Großen« spielenden Staatsaktion bereits in nächster Nähe zum bgl. Tr. Wenn Schlegel auch ein solches Drama noch nicht schreibt, so bahnt er ihm doch polemisch den Weg. Denn in der Gegenüberstellung des rücksichtslos egozentrischen heldischen Feldherrn Ulfo, dem alle Mittel recht sind, seinem gesteigerten Bedürfnis nach Größe, Ehre, Ruhm und Bewunderung Befriedigung zu verschaffen, und des humanen, aufgeklärten Königs Canut ist offenkundig eine Verurteilung des heroischen Ideals im Namen der »Menschlichkeit« ausgesprochen. König Canuts im Sinne der fünfziger und sechziger Jahre »bürgerliche«, d. h. menschlich-mitmenschliche Einstellung (»Bürgertreu«, »Tugend«, »Mitleid«, »Menschenliebe«, Güte, Herz, Zärtlichkeit, Betonung der seelischen Beziehungen) macht das Trauerspiel zum »Dokument der deutschbürgerlichen Aufklärung auf der mittleren Stufe einer maßvollen Empfindsamkeit« (May im Anschluß an Brüggemann).

Vergleichbar ist Canut dem am Schluß ganz zum Vater werdenden König Aridäus in Lessings »Trauerspiel« »Philotas« (1759), das als ganzes gleichfalls als kritische, polemische Wendung gegen das Heldenideal der klassizistischen Tragödie vom Standpunkt empfindsambürgerlicher Gesinnung aufgefaßt werden kann. Eine potentiell tragische Gestalt ist Canut freilich, anders als der kurzerhand abdankende Aridäus, insofern, als seine Stellung und Situation es ihm verwehren, dem Rebellen Ulfo gegenüber Mitleid statt Staatsräson walten zu lassen. Gerade dieser Zug aber unterstreicht, wie sehr Schlegel den Denkformen des bürgerlichen Dramas den Vorzug gibt.

Lessings »Trauerspiel«-Fragment »Samuel Henzi«, 1749 entstanden, 1753 im 22. und 23. seiner kritischen »Briefe« erschienen, läßt diese Nähe zum bgl. Tr. noch nicht erkennen – trotz der im ständischen Sinne prononciert bürgerlichen dramatis personae. Substanz und Atmosphäre dieser in jeder Hinsicht klassizistisch-heroischen Alexandrinertragödie sind »erhaben« (22. »Brief«), nicht familiär-privat. Es geht, wie schon 1755 gegen die Einordnung als bgl. Tr. eingewendet worden ist, um »den Nutzen eines ganzen Landes« (Pfeil, § 3), um eben jenes Staatsinteresse also, das Lessing später bewußt ausschaltete, als er sich anschickte, aus dem Virginia-Stoff ein bgl. Tr. zu gestalten (an Nicolai, 21. Jan. 1758). Ähnlich wie in Gottscheds »Sterbendem Cato«, wo Cato an der Leiche seines Sohns nicht um den persönlichen Verlust, sondern um Rom Tränen vergießt (IV, 5), ist es auch hier das politische Interesse, das die Hauptfiguren bestimmt, nämlich die Sorge um die Wahrung der Berner Staats-Verfassung, deren grundlegende Kontraktidee durch den Mißbrauch der vom Volk delegierten Regierungsmacht gefährdet wird. Als Theoretiker des bgl. Tr. sagt Lessing jedoch: »Ein Staat ist ein viel zu abstrakter Begriff für unsere Empfindungen« (»Hamburgische Dramaturgie«, 14. Stück).

Die Ehre, das erste deutsche bgl. Tr. zu sein, hat Richard Daunicht vor kurzem »Miß Sara Sampson« streitig gemacht mit dem Hinweis auf Christian Leberecht *Martinis* »Rhynsolt und Sapphira«.

Dieses Stück erschien zwar auch 1755 (ob vor oder nach Lessings bgl. Tr., läßt sich nicht ausmachen). Daunicht weist aber nach, daß es in einer handschriftlichen Vorfassung bereits im Jahre 1753 vorhanden gewesen ist. Damit ist zweifellos der bis ins 18. Jh. zurückgehenden Behauptung, »Rhynsolt und Sapphira« sei eine Nachahmung der »Miß Sara Sampson«, der Wind aus den Segeln genommen. Ob es folglich auch als erstes Exemplar der neuen Gattung anzusehen ist,

ist jedoch eine andere Frage. Im Gegensatz zu Lessing gibt der Verfasser mit seinem Untertitel (»Ein prosaisches Trauerspiel«) selbst nicht zu erkennen, daß er als Begründer des in Rede stehenden neuen Genres auftreten wolle.

Empfindsamer Geist und Ton, der »Miß Sara Sampson« und die davon angeregten Dramen in erster Linie zu bgl. Tr. machen, herrschen in »Rhynsolt und Sapphira« so gut wie gar nicht, kaum daß Herzog Karl einmal dieser Stimmung Ausdruck gibt (II, 6). Vom Mittelstandsmilieu der üblichen bgl. Tr. kann ebenfalls nicht gesprochen werden, ganz zu schweigen von dem von Daunicht behaupteten, angeblich an Lillo erinnernden Kaufmannsmilieu. Die Handlung spielt in einem herzoglichen Schloß; die Atmosphäre ist höfisch. Danfeld, der »vornehme Kaufmann«, hat nur einen einzigen kurzen Auftritt, und von ständischem Ethos kann bei ihm nicht die Rede sein.

Gewiß ist Sapphira, Danfelds Gemahlin, die der »Hofmann« Rhynsolt, »des Herzogs General und Gouverneur«, zur ehelichen Untreue zu verleiten sucht, nicht fürstlichen Standes und höfischen Charakters; und sie bewahrt ihre Tugend. Doch verbinden sich mit dieser Gestalt weder bürgerliches Standesbewußtsein noch empfindsam-moralische Akzente, vielmehr die barocken der Standhaftigkeit (I, 7). Kritik am höfischen Dasein (Rhynsolt drangsaliert Sapphira, ermordet Danfeld, hintergeht den Herzog) wird zwar angedeutet, aber das reicht nicht aus zur Bezeichnung »bürgerlich«; schließlich übt der Herzog ja auch – zu spät – ausgleichende Gerechtigkeit (so daß ein ostdeutscher Beurteiler von Daunichts These, Hans Friederici, den »bürgerlichen« Charakter des Stücks bestreitend, sogar von »feudal-apologetischer Tendenz« gesprochen hat). Atmosphäre (Absehen vom Seelischen, Zumutung von erstaunlichen Gefühlskruditäten) und Motive (Theaterbösewicht, blutrünstiger Mord, Palast-Intrige) weisen »Rhynsolt und Sapphira« eher als eine (zwar nach klassizistischen Regeln überformte) Haupt- und Staatsaktion aus. Der aus Schlegels »Canut« bekannte Zwiespalt in der Herrscherpersönlichkeit zwischen Menschlichkeit im tugendhaft-empfindsamen Sinn des bgl. Tr. einerseits und Herrscherpflicht und -rolle andererseits klingt allerdings auch hier an (Pikulik, S. 144, 149), ist aber weit davon entfernt, das Drama zum bgl. Tr. zu machen.

Literatur:

Zur Vorgeschichte der Gattung findet man Bemerkungen in den meisten Darstellungen ihrer Geschichte: s. die Literaturangaben oben S. 15 f., ferner:

Betsy *Aikin-Sneath:* An Early Example of the »Bürgerliches Trauerspiel«, in: MLR XXIX, 1934, S. 330–332.

Karl *Eibl* (s. o. S. 15), S. 104–117.

Andreas Gryphius:

Cardenio und Celinde, edited with Introduction and Commentary by Hugh Powell. Leicester 1961. – Horst Turk: Cardenio und Celinde, in: Die Dramen des Andreas Gryphius. Eine Sammlung von Einzelinterpretationen, hrsg. v. Gerhard Kaiser. 1968, S. 73–116. – Rolf Tarot: Nachwort zur Reclam-Ausgabe. 1968. – Eberhard Mannack: Andreas Gryphius. (Slg. Metzler. 76). 1968, S. 44–48. – Bernd Peschken: Andreas Gryphius aus neustoizistischer, sozialgeschichtlicher Sicht, in: Daphnis VI, 1977, bes. S. 349–354.

Christian Weise:

Neudruck des »Masaniello« in: Neudrucke dt. Literaturwerke des XVI. u. XVII. Jhs. Nr 216–218, hrsg. v. Robert Petsch. 1907, Einführung. – Heinz Otto Burger: Dasein heißt eine Rolle spielen. Das Barock im Spiegel von Jakob Bidermanns »Philemon Martyr« und Christian Weises »Masaniello«, in: H. O. B.: Dasein heißt eine Rolle spielen. Studien zur dt. Literaturgeschichte. 1963, S. 75–93. (Zuerst in: GRM, 1961.) – Hildegarde Wichert Fife: Weise's »Masaniello« and the Revolt Plays, in: GLL XX, 1967, S. 289–298. – Fritz Martini: Christian Weise: »Masaniello«. Lehrstück u. Trauerspiel der Geschichte, in: Orbis Litterarum XXV, 1970, S. 171–196 (auch Nachwort zur Reclam-Ausgabe. 1972).

Johann Elias Schlegel:

Neudruck des »Canut« in: Deutsche Literatur in Entwicklungsreihen, Reihe Aufklärung. Bd VI, hrsg. v. Fritz Brüggemann. 1933. Reprint 1964, Einführung. – Kurt May: Johann Elias Schlegels »Canut« im Wettstreit der geistesgeschichtlichen und formgeschichtlichen Forschung, in: K. M.: Form und Bedeutung. Interpretationen dt. Dichtung des 18. u. 19. Jhs. 1957, S. 13–41. (Zuerst in: Trivium, 1949.) – Peter Wolf: Die Dramen Johann Elias Schlegels. 1964, Kap. IV. – Luigi Quattrocchi: Il teatro de Johann Elias Schlegel. Rom 1965, Kap. III (vgl. Jürgen Brummack, in: Germanistik VII, 1966, S. 589). – G. L. Jones: Johann Elias Schlegel: »Canut«. The Tragedy of Human Evil, in: Lessing Yearbook VI, 1974, S. 150–161.

Lessing:

K. Roald Bergethon: Republicanism (?) and Revolution in G. E. Lessing's »Samuel Henzi«, in: Symposium I, 1946, S. 60–74. – Robert R. Heitner: German Tragedy in the Age of Enlightenment. A Study in the Development of Original Tragedies, 1724–1768. Berkeley u. Los Angeles 1963, S. 122–126. – Ernst Loeb: Lessings »Samuel Henzi«. Eine aktuelle Thematik, in: Monatshefte (Wisc.) LXV, 1973, S. 351–360.

Christian Leberecht Martini:

Neudruck von »Rhynsolt und Sapphira« in: Deutsche Literatur in Entwicklungsreihen, Reihe Aufklärung. Bd VIII, hrsg. v. Fritz

Brüggemann. 1934. Reprint 1964, Einführung. – Richard Daunicht: Die Entstehung des bürgerlichen Trauerspiels in Deutschland. 1963. [2]1965, S. 237–238, 248–275, 300–310. Dazu die oben S. 19 genannten Rezensionen. – Robert R. Heitner (s. o.) S. 173–176.

4. *Ausländische Anregungen*

»Die Britten allein«, sagt C. H. Schmid 1768 in seinem Essay »Über das bürgerliche Trauerspiel« (s. o. S. 14), »sind [...] unsere Vorgänger im bürgerlichen Trauerspiel« (S. 208); und schon 1754 wertete Lessing das bgl. Tr. als englische Gattung (s. o. S. 11). Unbestreitbar ist, daß die zu Beginn der fünfziger Jahre einsetzende Bekanntschaft mit *englischen* bgl. Tr. einen bedeutenden Anstoß zur Ausbildung der Gattung in Deutschland gegeben hat. Es handelt sich dabei um nur zwei Dramen: *Lillos* »The London Merchant, or The History of George Barnwell« (1731) und Edward *Moores* »The Gamester« (1753).

Lillo sprach in seiner »Dedication« selbst von »the novelty of this attempt«, nämlich ein Drama »founded on moral tales of private life« zu schreiben; und seine Zeitgenossen wußten den Neuheitscharakter entsprechend zu würdigen. Theophilus Cibber sah im »London Merchant« »almost a new species of tragedy« (»The Lives of the Poets of Great Britain and Ireland«, 1753). Die Einschränkung »almost« dürfte ein Hinweis auf die mittlerweile gut erforschte englische Vorgeschichte von Annäherungen sein, die, je nach dem Gewicht, das man den empfindsam-moralisierenden Zügen des Dramas zubilligt, ins erste Jahrzehnt des 18. Jhs oder bis in die elisabethanische Zeit zurückgeführt wird und die sowohl Lillo wie Moore z. T. bekannt war. Für die Entstehung des deutschen bgl. Tr. ist diese englische Vorgeschichte, die Lillo manchen Historikern zufolge seiner vermeintlichen Originalität beraubt (Bernbaum, S. 151–58), allerdings belanglos, da sie in der fraglichen Zeit in Deutschland nicht als solche zur Kenntnis genommen wurde.*

Der Erfolg des »London Merchant« in England war sensationell; »The Gamester« wurde ebenfalls sehr populär. Dem entspricht die große Beliebtheit dieser Stücke beim deutschen (und französischen)

* Berücksichtigt wurde sie etwas später, besonders in den Arbeiten von C. H. Schmid, der übrigens auch eins der früheren Stücke, Thomas Otways »The Orphan« (1680), als »bürgerliches Trauerspiel« ins Deutsche übertrug: »Die Wayse« in: Schmid, »Englisches Theater«, Bd IV, Danzig u. Leipzig 1772, S. 329–438.

Lese- und Theaterpublikum. Die erste Verdeutschung des »London Merchant«, »Der Kaufmann von Londen« von H. A. von Bassewitz, der zwar die (zweite, treuere) französische Übersetzung von Pierre Clément als Vorlage benutzte, erschien 1752 mit dem Untertitel »ein bürgerliches Trauerspiel«, die erste des »Gamester«, »Der Spieler« von J. C. Bode, 1754; die zweite, 1755, von J. H. Steffens, wies sich als »bürgerliches Trauerspiel« aus. 1754 wurden beide Dramen zum erstenmal in Deutschland aufgeführt, Lillos in Hamburg, Moores in Breslau, später im selben Jahr ebenfalls in Hamburg. In verschiedenen, z. T. verstümmelnden Übersetzungen und Bearbeitungen, auch Übersetzungen von französischen Bearbeitungen, breiteten sich dann beide in den fünfziger bis neunziger Jahren rasch über das Theater des gesamten deutschsprachigen Raums aus. Sie gehören in der zweiten Jahrhunderthälfte zu den meistgespielten Stücken auf deutschen Bühnen.

Ihre Bedeutung für die Entwicklung des deutschen bgl. Tr. besteht weniger in dem konkreten Einfluß auf einzelne Exemplare dieser Gattung als darin, daß sie den deutschen Dramatikern Mut machten, tragische Stoffe aus dem gegenwärtigen, alltäglichen Familienleben des Mittelstandes zu rührenden und die bürgerlich-häuslichen Tugenden empfehlenden Dramen zu verarbeiten. (Das kaufmännische Milieu des »London Merchant« findet man jedoch nur in Duschs »Der Bankerot« [1763] wieder, und auch dort kennzeichnenderweise ohne das unumwunden und leistungsstolz artikulierte bürgerliche Selbstbewußtsein des englischen Kaufmanns.) In Deutschland (und Frankreich) haben beide Dramen auf diese Weise entschieden mehr Schule gemacht als in England.

Das Problem der *direkten* Wirkung des englischen bgl. Tr. auf das deutsche läuft auf die Frage nach dem Einfluß des »London Merchant« auf »Miß Sara Sampson« hinaus. Dort hätte er insofern ein enormes Vererbungspotentiel gehabt, als Lessings Stück auf den größten Teil der bgl. Tr. der fünfziger, sechziger und siebziger Jahre in Motiven, Ton und Charakteren mehr oder weniger deutlich eingewirkt hat. Seit der Zeit des Positivismus wurde Lillos Einfluß als selbstverständlich angenommen, obwohl Ähnlichkeiten bestenfalls sehr entfernt sind und Lessing Lillo und sein Stück erst nach der Veröffentlichung seines eigenen bgl. Tr. erwähnt (1756 in der Vorrede zu Thomsons »Trauerspielen« und am 18. Dez. 1756 in einem Brief an Moses Mendelssohn) und eine frühere Kenntnis des Werks, sei es durch eine Aufführung oder durch Lektüre, nicht feststellbar ist. Doch wies P. P. Kies bereits 1926 unwiderleglich nach, daß die Hauptquellen der »Miß Sara Sampson« andere englische Dramen sind: Thomas *Shadwells* Komödie »The Squire of Alsatia« (1688),

Charles *Johnsons* Trauerspiel »Caelia« (1733) und Susannah *Centlivres* Trauerspiel »The Perjur'd Husband« (1700). Später hat sich besonders L. M. Price immer wieder gegen die noch lange nach Kies' Abhandlung virulente These von der Abhängigkeit des ersten deutschen bgl. Tr. von Lillo gewandt. »If ›The London Merchant‹ was in no sense the progenitor of ›Miss Sara Sampson‹, it follows that its importance in the history of the development of the German middleclass drama has in the past been greatly exaggerated« (»Comparative Literature«, 1950, S. 152). – Der von Daunicht behauptete Einfluß Lillos auf »Rhynsolt und Sapphira« betrifft nur unwesentliche Kleinigkeiten (vgl. Heitners Kritik, JEGP, 1964, S. 299). Das Gleiche gilt für die Bedeutung von Lillos Stück für »Kabale und Liebe« (Bremner). – Der direkte Einfluß von Moores »Gamester« hat in Deutschland in der zweiten Jahrhunderthälfte eine ganze Reihe von Spieler-Dramen auf den Plan gerufen (Fritz, Caskey); für die Geschichte des deutschen bgl. Tr. ist in diesem Zusammenhang allenfalls Brawes »Freigeist« (1759; kein Spieler-Drama) zu erwähnen, der sich jedoch nicht als »bgl. Tr.« ausgab.

Stark haben die häuslich-empfindsamen Mittelstandsromane *Richardsons* auf das deutsche bgl. Tr. eingewirkt, schon auf »Miß Sara Sampson« (was Lessing zwar später abstritt: Lachmann/Muncker, Bd XV, S. 38–39) und noch auf »Emilia Galotti«. In beiden, für die Geschichte des bgl. Tr. in Deutschland beispielgebenden Dramen hat man besonders Spuren der »Clarissa« gesehen. J. H. Steffens hat diesen Roman nicht zufällig zu einem bgl. Tr. gleichen Titels umgestaltet (1765), während Wielands »Trauerspiel« »Clementina von Porretta«, von Lessing (123. Literaturbrief) und Löwen ([s. o. S. 20], S. 47) bgl. Tr. genannt, einen Stoff aus Richardsons »Grandison« dramatisiert. Die Heldin von Dyks »bgl. Tr.« »Leichtsinn und Verführung« vergleicht sich und ihre Situation ausführlich mit der Clarissas (III, 1).

Die Bedeutung des *französischen* Dramas für die Ausbildung des deutschen bgl. Tr. ist vergleichsweise gering. (Für die des bürgerlichen Schauspiels und Lustspiels ist sie größer.) Das erste französische bgl. Tr. – abgesehen von Vorstufen im 16. Jh. (Petit de Julleville), auf die man in Deutschland nicht aufmerksam wurde – ist die dem Juristen Paul *Landois* zugeschriebene, 1741 aufgeführte, 1742 anonym veröffentlichte »Silvie«, ein Einakter in Prosa.

Der Untertitel weist das Stück als »tragédie« aus, während der literaturtheoretische dramatische »Prologue«, in dem der Verfasser sich selbst als sprechende Person auftreten läßt, es als »Tragédie Bourgeoise« bezeichnet und verteidigt. Diderot ist ihm im 2. »Entretien sur le Fils naturel« darin gefolgt (»tragédie domestique et bourgeoise«). Tatsächlich entspricht »Silvie« dem Typus des bgl. Tr., wie man es in den fünfziger und sechziger Jahren versteht: Rührung, bürgerliche Gestalten, realistische Gegenwartsatmosphäre, Familienkonflikt (vermeintliche Untreue der Frau), Sprache ohne »cet Héroique guindé«. Doch hat »Silvie« weder in Frankreich noch in Deutschland einen nennenswerten Erfolg gehabt. Sie wurde zwar mit leicht verändertem Schluß – von Gottlieb Konrad Pfeffel – übersetzt: »Serena, ein bürgerliches Trauerspiel in Prose«, einschließlich des »Vorspiels über die Bürgerliche Tragödie«, 1764, wiederabgedruckt 1765 in der ersten Sammlung von Pfeffels »Theatralischen Belustigungen. Nach französischen Mustern« und 1776 im ersten Band der »Neuen Schauspiele, aufgeführt [...] zu München«. Für eine beispielgebende und anregende Wirkung auf die Geschichte des empfindsamen deutschen bgl. Tr. war es aber längst zu spät.

Ungleich erfolgreicher war *Diderot* (bis um 1780) in Deutschland, erfolgreicher sogar als in Frankreich, und zwar als Theoretiker wie auch als Dramatiker. Das bgl. Tr. (»tragédie domestique« oder auch »tragédie domestique et bourgeoise«), »qui aurait pour objet nos malheurs domestiques« statt »les catastrophes publiques et les malheurs des grands« (Oeuvres complètes, hrsg. v. Assézat u. Tourneux, Bd VII, S. 309), ist für ihn eine Untergattung des »genre sérieux«, des zwischen Typenkomödie und hoher Tragödie liegenden Dramas, für das er sich in den theoretischen Texten, die »Le Fils naturel« (1757) und »Le Père de famille« (1758) beigefügt sind, nachdrücklich, aber ohne letzte terminologische Konsequenz einsetzt. Auf das Allgemein-Menschliche, Rührende, Wirklichkeitsnahe, Gegenwärtige, Familiäre will auch er ganz wie die deutschen Verfasser bgl. Tr. in den fünfziger und sechziger Jahren hinaus; und wenn er auch auf die Darstellung der »condition«, der beruflichen Stellung, Wert legt, so nicht auf die Betonung des bürgerlichen Klassencharakters, was ihn den deutschen Dramatikern besonders naherückt. So ist es verständlich, daß »sich zwischen 1767 und 1774 kein einziges bedeutendes Theaterstück in Deutschland [ausser dem »Götz«] seinem Einfluß zu entziehen« vermochte (Mortier, S. 71 im Anschluß an Pinatel). Doch so groß Diderots Bedeutung für das deutsche bürgerliche Drama im allgemeinen ist, für das bgl. Tr. im besonderen ist sie gering.

Nicht nur beschränken sich direkte Einflüsse der Diderotschen Stücke (die ja keine bgl. Tr. waren, sondern moralisierende, rührende

»comédies«: »Schauspiele« in Lessings Übersetzung) auf das deutsche bgl. Tr. auf Anregungen zu Einzelheiten, namentlich bei Dusch (»condition« des Kaufmanns) und Sturz (der Capitän in der »Julie« stammt aus dem »Père de famille«). Nicht nur »beeinflußten« Diderots Anschauungen den führenden Theoretiker des deutschen bgl.Tr., Lessing, »nur so weit, wie sie ihn in seinen eigenen Überzeugungen zu bestärken vermochten« (Mortier, S. 49). Noch wichtiger ist, daß Diderots Stücke und seine Theorie erst nach »Miß Sara Sampson« und den Anfängen der deutschen Theorie des bgl. Tr. veröffentlicht wurden. Die frühen deutschen Reaktionen wie Hallers Rezensionen in den »Götting. gel. Anz.« (1759, S. 176 und 774–775) betonen dementsprechend ganz mit Recht den Mangel an Originalität, im Hinblick auf die Gattung des »in Deutschland mehr als zu bekannten« bgl. Tr. besonders deutlich die »Allgemeine Bibliothek der schönen Wissenschaften und der freyen Künste« (1759, Bd V, 2. Stück, S. 270). In deutscher Übersetzung wurde der Dramatiker und Dramentheoretiker Diderot auch erst bekannt, als sich das deutsche bgl. Tr. bereits seit einem halben Jahrzehnt etabliert hatte (Lessings »Theater des Herrn Diderot«, 1760).

So konnte Diderot, ähnlich wie Marmontel in der Theorie und Beaumarchais in Theorie und Praxis, nur Bestätigung und Bestärkung, nicht Anregung zu Neuem bieten.

Der einzige andere französische Dramatiker*, dessen großer Erfolg in Deutschland zur Geschichte des deutschen bgl. Tr. in Beziehung zu setzen wäre, ist Diderots Schüler Louis-Sébastien *Mercier*. Auch er befürwortet und schreibt das moralisierende »drame«: humanitär, familiär und gefühlvoll. Das Neue ist hier jedoch der sozialkritisch-propagandistische Akzent: seine Theorie und Praxis zielen nicht nur auf die realistische Darstellung gesellschaftlicher Verhältnisse, sondern auch auf die Anprangerung sozialer Mißstände wie besonders der Standesschranken vom Standpunkt des emanzipationsbewußten Nicht-Aristokraten. Damit findet Mercier seit den siebziger Jahren in Deutschland viel Anklang. Aber ein entscheidender Einfluß auf die Entwicklung des deutschen bgl. Tr. der Zeit kann auch ihm nicht zugebilligt werden.

* Belanglos für die deutsche Entwicklung blieb Randon de Boisset mit seiner »tragédie bourgeoise« »Zamir« (1761). Sein »triste drame« »L'Humanité, ou le tableau de l'indigence« (1761) erschien in einer seiner Übersetzungen ins Deutsche als »bürgerliches Trauerspiel«: »Die Menschlichkeit, oder das Bild der Armuth. Aus dem Französischen übersetzt von J. A. E. v. G.« (Jakob Anton Edler von Ghelen) in: Neue gesammelte Schriften [zum Vergnügen und Unterricht], Bd I, 2. Stück, 1769, S. 99–174.

Die erste Übersetzung eines Mercier-Dramas, nämlich der Lillo-Bearbeitung »Jenneval ou le Barnevelt français« (1769), erschien 1770, H. L. Wagners Übertragung von »Du Théâtre« (1773) erst 1776. Merciers möglicher Einfluß beträfe also nur die zweite Phase des deutschen bgl. Tr. Soweit er dort mehr oder weniger greifbar wirkte, besonders auf Wagner und Lenz (Dramatik und Dramaturgie), kann es sich aber im wesentlichen nur um Bestätigung eigener Ansätze zum bürgerlichen Tendenzdrama gehandelt haben, wenn auch bei Wagner wohl mit einiger Anregung zu rechnen ist. Außerdem ist das Feld dieses also vornehmlich bestätigenden Einflusses – soweit er sich überhaupt klar isolieren läßt von den vielen ähnlichen und identischen Ideen, die damals überall in der Luft lagen – nicht so sehr das bgl.Tr. wie das bürgerliche Schauspiel und Lustspiel. Charakteristischerweise hatte ja schon Merciers Bearbeitung des »London Merchant« ein Happy End, und sein einziges (bürgerliches) Trauerspiel, der in Deutschland viel übersetzte und nachgeahmte »Déserteur« (1770), wurde vom Verfasser selbst zu einem Schauspiel mit versöhnlichem Schluß umgearbeitet (1782 gedruckt).

Das *italienische* Drama spielt für die Ausbildung des deutschen bgl. Tr. keine Rolle.

Das deutsche bgl. Tr. ist also weder eine »deutsche« Gattung noch Import, vielmehr entwickelt es sich im europäischen oder doch englisch-französisch-deutschen Kontext der experimentellen Besinnung auf neue Möglichkeiten des Dramas und der Tragödie. Ausländische »Einflüsse« tragen in Deutschland das ihre bei zur Ausbildung, Ausgestaltung und Weiterführung der Gattung in den fünfziger und sechziger, allenfalls noch siebziger Jahren. Als alleinige Ursache des Aufstiegs des bgl. Tr. in Deutschland können sie aber keineswegs verstanden werden. Und auch dort, wo man den Eindruck haben könnte, daß Literatur aus Literatur entsteht, wie z. B. bei den Richardson-Bearbeitungen, ist die Voraussetzung, daß geistes- und sozialgeschichtliche Faktoren den Boden entsprechend bereitet haben – bei allen bleibenden Verschiedenheiten, die zwischen der Situation des Bürgertums (des Trägers der Gattung) in Deutschland und in den Nachbarländern bestanden.

Literatur:

Ausländische Anregungen, Parallelerscheinungen und Vorstufen werden in den meisten Darstellungen der Geschichte des deutschen bgl. Tr. mindestens erwähnt; s. die Literaturangaben o. S. 15–16.

Christian Heinrich *Schmid:* Literatur des bürgerlichen Trauerspiels, in: Deutsche Monatsschrift, Dez. 1798, S. 284–296: Bibliographie italienischer, englischer und französischer bgl. Tr.

J. *Prinsen*: Het drama in de 18^{e} eeuw in West-Europa. Zutphen 1931, Kap. V u. VI.

Jens *Kruuse:* Det følsomme drama. Kopenhagen 1934, bes. Kap. I-IV.

Fred O. *Nolte:* The Early Middle Class Drama (1696–1774). Lancaster, Pennsylvania, 1935, Kap. IV: »Relation to Various Earlier Forms of the Drama«.

Joseph *Pinatel:* Le Drame bourgeois en Allemagne au XVIIIme siècle. Lyon 1938, Teil 2, Kap. IV: »Les Influences«.

England:

Hans Wolfgang *Singer:* Das bürgerliche Trauerspiel in England (bis zum Jahre 1800). Diss. Leipzig 1891.

Ernest *Bernbaum:* The Drama of Sensibility. A Sketch of the History of English Sentimental Comedy and Domestic Tragedy, 1696–1780. Boston u. London 1915. ^{2}1925. Reprint Gloucester, Massachusetts, 1958.

Paul P. *Kies:* The Sources and Basic Model of Lessing's »Miss Sara Sampson«, in: Modern Philology XXIV, 1926, S. 65–90.

Paul P. *Kies:* Lessing and English Domestic Tragedy, in: Research Studies of the State College of Washington II, 1930, S. 130–147.

Henry Hitch *Adams:* English Domestic Tragedy or, Homiletic Tragedy, 1575–1642. New York 1943.

Lawrence Marsden *Price:* Die Aufnahme englischer Literatur in Deutschland, 1500–1960. 1961, Kap. XII: »Das moralisierende Drama.«

Lillo:

Kritische Ausgaben: Le Marchand de Londres. Édition critique, traduction, préface et notes de J. Hamard. (Annales littéraires de l'Université de Besançon. Bd LI). Paris 1962. – The London Merchant, edited by William H. McBurney. (Regents Restoration Drama Series). Lincoln, Nebraska, 1965.

Zur Orientierung: Vorworte zu den Ausgaben von Hamard und McBurney. – George Bush Rodman: Sentimentalism in Lillo's »The London Merchant«, in: Journal of English Literary History XII, 1945, S. 45–61. – Raymond D. Havens: The Sentimentalism of »The London Merchant«, in: Journal of English Literary History XII, 1945, S. 183–187. – Peter Szondi: Die Theorie des bürgerlichen Trauerspiels im 18. Jh. 1973, Kap. I.

Einfluß in Frankreich: T. Vincent Benn: Notes sur la fortune du »George Barnwell« de Lillo en France, in: Revue de Littérature Comparée VI, 1926, S. 682–687. – Jean Hamard: Le Drame bourgeois. L'influence de Lillo, in: Revue de Littérature Comparée XXXIX, 1965, S. 589–604. (Vergleich des »London Merchant« mit zwei Bearbeitungen: Merciers »Jenneval, ou le Barne-

velt français« und Giovanni de Gamerras »La madre colpevole«.) – S. auch die im übernächsten Absatz genannten Artikel von v. Weilen, 1902, und Lawrence M. Price, 1950.
Erste Übersetzung: Der Kaufmann Londen oder Begebenheiten Georg Barnwells. Ein bürgerliches Trauerspiel. Aus dem Englischen des Herrn Tillo übersetzet durch H. A. B. [Henning Adam von Bassewitz]. Hamburg 1752. Neudruck: Deutsche Literatur in Entwicklungsreihen, Reihe Aufklärung. Bd VIII, hrsg. v. Fritz Brüggemann. 1934. Reprint 1964 [Die Übersetzung wird dort fälschlich 1757 datiert].
Einfluß in Deutschland: Alexander von Weilen: Der »Kaufmann von London« auf deutschen und französischen Bühnen, in: Beiträge zur neueren Philologie. Jakob Schipper zum 19. Juli 1902 dargebracht. 1902, S. 220–234. – Lawrence Marsden Price: George Barnwell on the German Stage, in: Monatshefte (Wisconsin) XXXV, 1943, S. 205–214. – Lawrence M. Price: The Bassewitz Translation of »The London Merchant«, 1752, in: JEGP XLIII, 1944, S. 354–357. – Lawrence Marsden Price: George Barnwell Abroad, in: Comparative Literature II, 1950, S. 126–156. – Richard Daunicht: The First German Translator of George Lillo's »Merchant of London« and the First Performances of the Play in Germany, in: Symposium IX, 1955, S. 324–330. – Richard Daunicht: Die ersten Aufführungen des »Kaufmanns von London« in Deutschland, in: Zs. f. Anglistik u. Amerikanistik IV, 1956, S. 243–247. – G. Bremner: Millwood, Lady Milford and Maria Stuart, in: German Life and Letters XI, 1957, S. 41–48. – Richard Vospernik: George Lillo und die Anfänge des bürgerlichen Trauerspiels in Deutschland. Diss. (Masch.) Innsbruck 1962. – Daunicht: Die Entstehung... (s. o. S. 26), S. 209–231 (Übersetzung von 1752), S. 260–264 (»Rhynsolt und Sapphira«). – Otto G. Schindler: Die Wiener Bearbeitung von Lillos »Kaufmann von London« (1754). Ein Beitrag zur Rezeptionsgeschichte des bgl. Tr.s. Mit vollst. Abdruck des Textes und der Gesangseinlagen). Teil 1, in: Maske und Kothurn XX, 1974, S. 238–285.

Moore:

The Gamester. A Tragedy. Reprint der Ausgabe von 1756 (in den »Poems, Fables, and Plays«), with an Introduction by Charles H. Peake and a Bibliographical Note by Philip R. Wikelund. (The Augustan Reprint Society, Series Five: Drama, Nr 1). Ann Arbor, Michigan, 1948.
Zur Orientierung: John Homer Caskey: The Life and Works of Edward Moore. New Haven, Connecticut, 1927.
Erste Übersetzung: Der Spieler. Ein Trauerspiel von Edward Moore. Hamburg 1754. (Neueste Proben der englischen Schaubühne, im Deutschen dargestellet). Von Johann Joachim Christoph Bode.
Einfluß in Deutschland: Gottlieb Fritz: Der Spieler im deutschen

Drama des 18. Jhs. Diss. Berlin 1896, S. 12–21. – Eloesser (s. o. S. 15), S. 35–43. – Caskey, S. 119–123, 175–176. – L. M. Price: Die Aufnahme englischer Literatur ... (s. o. S. 32), S. 157–158 u. 166–167. – Josef Wihan: Zu Schillers »Räubern«. Beziehungen zum bürgerlichen Drama, in: Untersuchungen und Quellen zur germanischen und romanischen Philologie, Johann von Kelle dargebracht. Zweiter Teil. Prag 1908, S. 91–103.

Richardson:

Gustav Kettner: Lessings Emilia Galotti und Richardsons Clarissa, in: Zs. f. dt. Unterricht XI, 1897, S. 442–461. – Herbert Meinicke: Das bürgerliche Drama in Deutschland und Samuel Richardsons Familienromane. Diss. (Masch.) Heidelberg 1922. – Edna Purdie: Some Adventures of »Pamela« on the Continental Stage, in: German Studies Presented to Professor H. G. Fiedler. Oxford 1938, S. 352–384. – Josef Ettlinger: Wielands »Clementina von Porretta« und ihr Vorbild, in: Zs. f. vgl. Litteraturgeschichte IV, 1891, S. 434–439. – Peter Weber: Das Menschenbild des bürgerlichen Trauerspiels. 1970, 2. Aufl. 1976, S. 178–197.

Frankreich:

Wilhelm *Wetz:* Die Anfänge der ernsten bürgerlichen Dichtung des 18. Jhs. Das rührende Drama der Franzosen. 1885.

L. Petit de Julleville: La Comédie et les mœurs en France au moyen âge. Paris 1886. Reprint Genf 1968, Kap. III.

Félix *Gaiffe:* Le Drame en France au XVIIIe siècle. Paris 1910. Reprint Paris 1971.

Pierre *Trahard:* Les Maîtres de la sensibilité française au XVIIIe siècle (1715–1789). 4 Bde. Paris 1931–1933.

Henry Carrington *Lancaster:* French Tragedy in the Time of Louis XV and Voltaire, 1715–1774. 2 Bde. Baltimore, Maryland, 1950.

Landois:

Kritische Ausgabe: The First French tragédie bourgeoise, »Silvie«, attributed to Paul Landois, edited by Henry Carrington Lancaster. Baltimore, Maryland, 1954.

Zur Orientierung: Lancasters Vorwort zu seiner Ausgabe.

Erste Übersetzung: Serena, ein Bürgerliches Trauerspiel in Prose. Frankfurt und Leipzig 1764, von Gottlieb Konrad Pfeffel; auch in seinen »Theatralischen Belustigungen. Nach französischen Mustern. Erste Sammlung«. Frankfurt und Leipzig 1765, S. 1–64.

Einfluß in Deutschland: Karl Worzel: Gottlieb Konrad Pfeffels »Theatralische Belustigungen«. Ein Beitrag zur Geschichte des französischen Dramas in Deutschland. Diss. Heidelberg 1911, S. 7–14.

Diderot:

Zur Orientierung: Hubert Gillot: Denis Diderot. L'homme. Ses idées philosophiques, esthétiques et littéraires. Paris 1937. – Marie-Luise Roy: Die Poetik Diderots. 1966. – Peter Szondi: Die Theorie des bürgerlichen Trauerspiels im 18. Jh. 1973, Kap. II.
Erste Übersetzung: Das Theater des Herrn Diderot. Berlin 1760. ²1781, von G. E. Lessing; auch in: Lessings Werke, hrsg. v. Julius Petersen und Waldemar von Olshausen. Bd XI.
Einfluß in Deutschland: Roland Mortier: Diderot in Deutschland, 1750–1850. 1967, Kap. II. In der Bibliographie fehlen: Th. C. van Stockum: Lessing und Diderot, in: Neophilologus XXXIX, 1955, S. 191–202. – Robert R. Heitner: Lessing, Diderot and the Bourgeois Drama. Diss. (Masch.) Harvard 1949. – Heronimus Tichovskis: Ein Beitrag zu Lessings Verhältnis zu Diderot. Diss. (Masch.) Bonn 1949.

Mercier:

Zur Orientierung: Léon Béclard: Sébastien Mercier. Sa vie, son œuvre, son temps d'après des documents inédits. Paris 1903, Kap. III: Mercier dramaturge. Sa poétique; Kap. IV: Mercier dramaturge. Son théâtre. – Peter Szondi: Die Theorie des bürgerlichen Trauerspiels im 18. Jh. 1973, Kap. III.
Erste Übersetzung: Neuer Versuch über die Schauspielkunst. Aus dem Französischen. Mit einem Anhang aus Goethes Brieftasche. Leipzig 1776, von Heinrich Leopold Wagner. Reprint 1967 mit einem Nachwort von Peter Pfaff.
Einfluß in Deutschland: Jon San-Giorgiu: Sébastien Merciers dramaturgische Ideen im »Sturm und Drang«. Diss. Basel 1921. – W. W. Pusey: Louis-Sébastian Mercier in Germany. His Vogue and Influence in the Eighteenth Century. New York 1939. – Fawzi Boubia: Theater der Politik – Politik des Theaters. L.-S. Mercier und die Dramaturgie des Sturm und Drang. 1978.

III. »Miss Sara Sampson« und die Folgen

1. Empfindsamkeit und Bürgerlichkeit

Statt des standesbewußten Bürgers, den Lillos bgl. Tr. auf die Bühne brachte, erscheint im deutschen bgl. Tr. der ersten Phase der Privatmensch. Er wird vorgeführt in seinen mitmenschlichen, häuslich-nachbarlichen Beziehungen, verantwortungsvoll gebunden an seine Gemeinschaft; er ist der um Tugend bemühte, gefühlvolle, ja gefühlsfreudige Mensch. Seine Gesinnung, die als grundsätzlich allen Ständen zugänglich dargestellt wird, ist das Ethos der »Empfindsamkeit«.

Die Bezeichnung »bürgerliches Trauerspiel« wäre daher irreführend, »empfindsames Trauerspiel« angemessener. So urteilte Kruuse schon 1934, und in der Gegenwart ist die Antithese von Empfindsamkeit und Bürgerlichkeit noch verschärft worden (Altenhein, Birk, Pikulik, Wierlacher). Diese neuere (westliche) Forschung macht damit polemisch Front gegen die gesamte primär oder beiläufig soziologisch orientierte Deutung. Diese verstand und versteht auch heute noch das Auftreten des Bürgers in der Tragödie (statt, wie bisher, als Gegenstand des Gelächters in der Komödie) als Äußerung der selbstbewußten Mentalität des im 18. Jh. wirtschaftlich und gesellschaftlich erstarkenden Bürgertums (z. B. Eloesser, Lukács, Walzel, Selver, Dosenheimer, Hauser, neuere marxistische Kritiker, auch Brüggemann, mit dessen »seelengeschichtlicher« Betrachtungsweise die neueren westlichen Forscher sonst sympathisieren). Die Gegenthese lautet: daß die seit »Miß Sara Sampson« sich im bgl. Tr. kundgebenden empfindsamen Gesinnungen und Lebensformen die des Bürgertums der Zeit seien, sei nie empirisch bewiesen worden (Pikulik, S. 2, 152). Im Gegenteil widersprächen sie denen des Bürgertums jener Jahre, das mehr von einer rationalistischen Grundeinstellung bestimmt gewesen sei (Pikulik, S. 101–102, 174). Sozialgeschichtlich belegte Begründungen für die Behauptung einer solchen Antithese von Empfindsamkeit und Bürgerlichkeit fehlen jedoch in der Regel. Wo sie versucht werden, wie in Birks Trennung von empfindsamer und bürgerlicher Moral im Familiendrama des 18. Jhs (s. o. S. 14), widerlegen sie sich durch ihr eigenes Beweismaterial.

So hat die Antithese von Empfindsamkeit und Bürgerlichkeit sofort Widerspruch erfahren: Das bürgerliche Drama brauche nicht unbedingt nur die geschichtliche gesellschaftliche Wirklichkeit (»bürgerliche« Moral) wiederzuspiegeln, sondern auch eine Selbststilisierung (empfindsame Moral) des Bürgertums, das in der Realität diesem Ideal vielleicht noch nicht entspräche (Eibl, S. 171). Ferner: legt man nicht bei der Bestimmung der angeblich praktizierten »bürgerlichen« Moral einen viel zu schematisierten, durch seine exklusive Eindeutigkeit schon wieder unzutreffenden Begriff von bürgerlicher Moral zugrunde? (N. H. Smith, Sp. 422). Spätestens seit Max Wieser (1924) ist bekannt, daß das deutsche Bürgertum im 18 Jh. zum Hauptträger der Empfindsamkeit wird; und die neuste und auf breitester Grundlage vorgenommene Untersuchung der Empfindsamkeit (Sauder) bekräftigt die Verbindung von Bürgertum und Empfindsamkeit noch einmal nachdrücklich nicht nur gegen die Behauptung, die Empfindsamkeit sei anti-bürgerlich, sondern auch gegen die, sie könne überhaupt keiner besonderen Schicht der Gesellschaft des 18. Jhs zugeordnet werden (Hohendahl). An der Richtigkeit dieser Auffassung kann kein Zweifel sein. In den vierziger und fünfziger Jahren gibt sich die Empfindsamkeit nicht zufällig in den Moralischen Wochenschriften zu erkennen (Gaus, S. 8, 55, 69; Martens, S. 216, 297, 449; vgl. Sauder, S. 31–33), die im soziologischen Sinne ausgesprochen bürgerlich und in Menschenauffassung und Ethos in mancher Hinsicht mit dem bgl. Tr. verwandt sind.* Die Verquickung von bürgerlicher und empfindsamer Geistigkeit hat Arnold Hirsch überdies 1934 für den bürgerlichen Roman schon des späten 17. Jhs festgestellt (S. 65–66). Im bürgerlichen Drama hatten weder Pinatel noch Brüggemann einen Widerspruch zwischen bürgerlicher und empfindsamer Gesinnung gesehen. Darin folgt ihnen noch 1960 Klaus Ziegler (in »Dt. Philol. im Aufriß«, Bd ²II, Sp. 2101). Wenn dagegen behauptet wird, die bürgerliche Gesinnung sei mehr rationalistisch, aufklärerisch bestimmt, so ist daran zu erinnern, daß Aufklärung und Empfindsamkeit spätestens seit den vierziger Jahren nicht gegensätzlich zueinander stehen, sondern einander durchdringen und bedingen (G. Müller, Wieser, Boeschenstein, S. 7; G. Jäger, S. 21, 45–53; Sauder). Beispielhaft ist das bei Gellert, in der Theorie auch in Michael Ringeltaubes Schrift »Von der Zärtlichkeit« (1765) der Fall. Der gemeinsame Nenner ist die Autonomie des Ich. Das Gefühl der Empfindsamen ist ja nicht Leidenschaft, sondern eine maßvolle, humanitär-moralische Rührung, deren Bereich durch die Vernunft abgesteckt ist. Ferner ist die Re-

* Entfernter und lockerer dürften die Beziehungen zur sogenannten Hausväterliteratur sein, die bis in die 2. Hälfte des 18. Jhs geschrieben wird; hier geht es zwar auch um die Ordnung des Lebens der Familie und des »Hauses«, aber doch in überwiegendem Maße vom Standpunkt des Wirtschaftlichen oder Geistlichen. Vgl. Julius Hoffmann, Die »Hausväterliteratur« und die »Predigten über den christlichen Hausstand«, 1959.

flexion ein konstitutives Element der Empfindsamkeit, sofern mit dieser eben nicht nur die Freude an der Rührung bezeichnet ist, sondern das bewußte, rational ergriffene und durchleuchtete sowie sprachlich bewältigte Fühlen. Endlich sind die Gegenstände dieses bewußten Fühlens wiederum großenteils die Ideen der rationalistischen Aufklärung.

Es ist von solchen Überlegungen aus völlig plausibel, daß das deutsche Bürgertum im 18. Jh. nicht nur das selbstlose Arbeits- und Tugendethos der Aufklärung im engeren Sinne mit seiner betont diesseitigen Orientierung (H. M. Wolff, Groethuysen, Hirsch u. a.) vertritt, sondern auch die der Aufklärung zugeordnete Empfindsamkeit mit ihrem Pathos der »sich fühlenden Menschlichkeit« (Lessing, Vorrede zu Thomsons »Trauerspielen«, 1756).

Die Gründe dafür hat man in der deutschen Sozial- und Geistesgeschichte gesehen: Gerade weil das deutsche Bürgertum des 18. Jhs in der politisch zerklüfteten, dezentralisierten Situation, die Nationalgeist nicht aufkommen und von Nationalaufgaben keine Rede sein ließ, in viel stärkerer Weise als das englische und französische politisch funktionslos war, mußte es sein Selbstbewußtsein und seine Selbstbestätigung statt auf politisch-öffentlichem kompensatorisch auf moralisch-privatem Gebiet suchen. Der Bürger – soweit man angesichts der beträchtlichen regionalen politischen Verschiedenheiten im gesellschaftlichen Gefüge der Kleinstaaten »Deutschlands« und der vertikalen Schichtung innerhalb des Standes überhaupt von *dem* Bürger sprechen kann – verstand sich infolgedessen als Menschen par excellence und den Menschen als (standesloses) sittliches Gefühlswesen. So wird er im mittleren und späteren 18. Jh. zum Träger der Vernunftpostulate der Aufklärung wie auch des privat- und allgemeinmenschlichen Ethos der Empfindsamkeit (Pinatel, S. 7; Fügen, S. 146–150; Koselleck).

Aber nicht nur Selbstbestätigung findet das Bürgertum in der moralischen Gewißheit, wie sie im Drama zum Ausdruck kommt oder propagiert wird, sondern auch, so wird behauptet, eine Überlegenheit, die von manchen Historikern quasi-klassenkämpferisch ausgemünzt wird: Das »bürgerliche« Drama, das den Menschen als standeslos, allgemeinmenschlich, als Menschen an sich vorführt, wäre insofern ein »Kampfmittel« (Balet) der Emanzipation des Bürgertums als Stand.

Wenn das bürgerliche Drama Standesunterschiede als – im Vergleich mit moralischen Werten – belanglos darstellt oder auch seine moral. Revolte u. Emanzipation

Personen sehr oft aus dem Adel statt dem Bürgertum wählt, eroberte also die Geistigkeit des Bürgertums trotz seiner Passivität in der politischen Öffentlichkeit im Grunde die anderen Stände; das Bürgertum suchte gesellschaftliche und politische Gleichheit, indem es seine Moral als überlegenes Ethos, als den höheren Adel, darstellt und alle Stände als der moralischen Allgemeinmenschlichkeit fähig zeigt – etwa im Sinne der »Zauberflöte«: »Er ist Prinz! Noch mehr – Er ist Mensch!« (Lukács, S. 328–29; Balet, S. 240, 276; Hirsch, S. 115–17; Selver, S. 16–17; Koselleck u. a.). Die bürgerliche Emanzipation nähme mithin in Deutschland, auch und besonders im bgl. Tr., subtilere, indirektere Formen an als in England, wo ein bgl. Tr. wie »The London Merchant« das ökonomische und gesellschaftliche Standespathos, den Erwerbs- und Handelsgeist des Mittelstands direkt verkünden konnte und sich insofern in greifbarerer Weise als bürgerliche Gattung erwies als »Miß Sara Sampson«. In Deutschland schliche sich die aggressiv sozialständische Festlegung der Gattung sozusagen durch die Hintertür der Propagierung bürgerlicher Gesinnung und Gesittung ein, und mit diesem Unterschied bliebe das bgl. Tr. in Deutschland nicht anders als in seinem Ursprungsland England Standesdrama, nämlich Produkt der »bürgerlichen Revolution« (Eibl, S. 165) oder doch Evolution – und zugleich ihr Stimulans. Entscheidend ist dabei, im Auge zu behalten, daß diese gesellschaftlich-literarischen Zusammenhänge vermittelter und indirekter sind, als es besonders für Lukács den Anschein hatte, für den das bgl. Tr. schon in seiner empfindsamen Phase »aus bewußtem Klassengegensatz erwachsen« war: als offener Ausdruck der »Denkweise einer um Freiheit und Macht kämpfenden Klasse«. Aber auch die Behauptung eines mittelbareren Verhältnisses ist konkret und detailliert bisher nicht bündig demonstriert worden, und ihre Logik ist nicht unanfechtbar. Es muß, was oft vergessen wird, vorerst bei einer empirisch nicht verifizierten, wenn auch grundsätzlich plausiblen Hypothese bleiben; es fehlt an wirklich schlüssigen zeitgenössischen Dokumenten und an den entsprechenden umfassenden Untersuchungen zur Sozialgeschichte und zur Geschichte des sozialen Bewußtseins, ja selbst zum Begriff des »Bürgers« in Deutschland (vgl. auch Sauder, S. 50). Und zwar sind diese um so dringlicher, als neuere Forschungen, besonders von W. Lepenies, im empfindsam-privaten Kult »des Menschen« eher eine resignierte Fluchtreaktion des politisch machtlosen Bürgertums diagnostizieren.

Die Tatsache, daß sich im deutschen bürgerlichen Drama und Trauerspiel nicht nur die bürgerliche Selbstdarstellung, sondern auch die negative Abbildung der nicht-bürgerlichen (höfischen, galanten, »politischen«) Lebensweise und Gesinnung findet, vermag hier kaum Klärung zu bieten. Denn bei der Deutung dieses Sachverhalts ist im Auge zu behalten, daß die Gegen-Typen nicht notwendigerweise und ausschließlich als Standesvertreter figurieren, sondern als Repräsentanten einer von der bürgerlichen abweichenden Lebensauffassung und Lebensführung. Diese braucht ihrerseits ebensowenig ständisch gebunden zu sein wie das bürgerliche Ethos, an dem »vielerley Stände und Klassen« teilhaben können (Schmid, s. o. S. 13). »Man hätte [...] die Texte der Dramen ungenau gelesen, wenn man die These aufstellen wollte, die Vertreter des Bürgertums seien grundsätzlich positiv, die Träger eines Adelsprädikats dagegen negativ dargestellt; es gibt [...] korrupte bürgerliche Beamte [...] und Adlige [...], die vorbildlich und gemäß der bürgerlichen Moral leben und handeln« (Schaer, S. 155; vgl. Nolte, S. 37; Pikulik, S. 171–72). Thema und Problem wird der Standesgegensatz als solcher erst nach den sechziger Jahren; die immer wieder herangezogenen Paradigmata sind »Emilia Galotti« (1772), Großmanns »Familiengemälde« »Nicht mehr als sechs Schüsseln« (1780) und »Kabale und Liebe« (1784).

Literatur:

Vgl. auch die Literaturangaben o. S. 15–16.

Georg von *Lukács:* Zur Soziologie des modernen Dramas, in: Archiv für Sozialwissenschaft und Sozialpolitik XXXVIII, 1914, S. 303–345, 662–702. Teildruck in: G. L.: Schriften zur Literatursoziologie. [6]1974, S. 261–295.

Werner *Sombart:* Der Bourgeois. Zur Geistesgeschichte des modernen Wirtschaftsmenschen. 1920.

Max *Wieser:* Der sentimentale Mensch, gesehen aus der Welt holländischer u. deutscher Mystiker im 18. Jh. 1924.

Fritz *Brüggemann:* Der Kampf um die bürgerliche Welt- und Lebensanschauung in der deutschen Literatur des 18. Jhs, in: DVjs III, 1925, S. 94–127.

Elsbeth *Glarner:* Wandlungen im Geiste des Bürgertums um die Wende des 18. Jhs im Spiegel der deutschen Dichtung der Zeit. Diss. Bonn 1927.

Bernhard *Groethuysen*: Die Entstehung der bürgerlichen Welt- und Lebensanschauung in Frankreich. Bd I: Das Bürgertum und die katholische Weltanschauung. 1927. Bd II: Die Soziallehren der katholischen Kirche und das Bürgertum. 1930.

Günther *Müller*: Aufklärungszeitalter, in: Lit.wiss. Jb. der Görres-Ges. VI, 1931, S. 82–94.

Arnold *Hirsch:* Bürgertum und Barock im deutschen Roman. Ein Beitrag zur Entstehungsgeschichte des bürgerlichen Weltbildes. 1934. [2]1957 (besorgt von Herbert Singer).

Franz *Borkenau*: Der Übergang vom feudalen zum bürgerlichen Weltbild. Paris 1934. Reprint 1973.

W. H. *Bruford:* Germany in the Eighteenth Century. The Social Background of the Literary Revival. Cambridge (Engl.) 1935. Mehrfach wiedergedruckt. Übersetzung: Die gesellschaftlichen Grundlagen der Goethezeit. 1936. [2]1975.

Leo *Balet:* Die Verbürgerlichung der deutschen Kunst, Literatur und Musik im 18. Jh. 1936. ²1973.

Marianne *Gaus:* Das Idealbild der Familie in den Moralischen Wochenschriften und seine Auswirkungen in der deutschen Literatur des 18. Jhs. Diss. Rostock 1937.

Hans M. *Wolff:* Die Weltanschauung der deutschen Aufklärung in geschichtlicher Entwicklung. Bern 1949. ²1963 (hrsg. v. Karl S. Guthke).

Erich *Trunz:* Seelische Kultur. Eine Betrachtung über Freundschaft, Liebe u. Familiengefühl im Schrifttum der Goethezeit, in: DVjs. XXIV, 1950, S. 214–242.

Hans Richard *Altenhein:* Geld und Geldeswert im bürgerlichen Schauspiel des 18. Jhs. Diss. (Masch.) Köln 1952.

Hermann *Boeschenstein:* Deutsche Gefühlskultur. Studien zu ihrer dichterischen Gestaltung. Bd I. 1954.

Reinhart *Koselleck:* Kritik und Krise. Ein Beitrag zur Pathogenese der bürgerlichen Welt. 1959. ³1973.

Eugene Leo *Norwood:* Lessing and Sentimentalism. Diss. (Masch.) Univ. of Wisconsin 1958.

Hans Norbert *Fügen*: Die Hauptrichtungen der Literatursoziologie und ihre Methoden. Ein Beitrag zur literatursoziolog. Theorie. 1964. ⁶1974.

Ortwin *Müller:* Elemente der bürgerlichen Klassenideologie in der Dichtung des deutschen Frühbürgertums von 1215 bis 1470 und ihre Rezeption in der deutschen Aufklärung, in: Wissenschaftl. Zs. d. Universität Greifswald XV, 1966, S. 591–596.

Lothar *Pikulik:* »Bürgerliches Trauerspiel« und Empfindsamkeit. 1966. (Rez. v. N. Horton Smith in: Erasmus XIX, 1967, Sp. 420–425; Peter Weber in: Weimarer Beiträge, 1967, S. 501–509; Wolfgang F. Michael in: Lessing Yearbook I, 1969, S. 289–290; vgl. Eibl [s. o. S. 15], S. 170–171.)

Wolfgang *Martens:* Die Botschaft der Tugend. Die Aufklärung im Spiegel der deutschen Moralischen Wochenschriften. 1968.

Wolf *Lepenies:* Melancholie und Gesellschaft. 1969. ²1972.

Horst Albert *Glaser:* Das bürgerliche Rührstück. 1969.

Georg *Jäger:* Empfindsamkeit und Roman. Wortgeschichte, Theorie u. Kritik im 18. u. frühen 19. Jh. 1969.

Helmut *Möller:* Die kleinbürgerliche Familie im 18. Jh. Verhalten u. Gruppenkultur. 1969. (Rez. v. Richard Alewyn in: Germanistik XI, 1970, S. 316–317.)

Hans-Wolf *Jäger*: Politische Kategorien in Poetik und Rhetorik der zweiten Hälfte des 18. Jhs. 1970.

Karl *Eibl:* (s. o. S. 15), S. 96–104, 140–141.

Peter Uwe *Hohendahl:* Empfindsamkeit und gesellschaftliches Bewußtsein. Zur Soziologie des empfindsamen Romans am Beispiel von »La Vie de Marianne«, »Clarissa«, »Fräulein von Sternheim« und »Werther«, in: Jb. d. Dt. Schillerges. XVI, 1972, S. 176–207.

Gerhard *Sauder:* Empfindsamkeit. Bd I: Voraussetzungen und Elemente. 1974. Bd III: Quellen u. Dok. 1980.

Gerhart von *Graevenitz*: Innerlichkeit und Öffentlichkeit. Aspekte deutscher »bürgerlicher« Literatur im frühen 18. Jh. In: DVjs. XLIX, 1975, Sonderheft, S. 1–82.

Bernd *Peschken*: Aufgaben der Vermittlung von Literatur und Sozialgeschichte am Beispiel Lessings, in: Literaturwissenschaft und Geschichtsphilosophie. Festschrift für Wilhelm Emrich. 1975, S. 264–282.

Aufklärung, Absolutismus und Bürgertum in Deutschland. Zwölf Aufsätze, hrsg. v. Franklin *Kopitzsch*. 1976.

Bürger und Bürgerlichkeit im Zeitalter der Aufklärung, hrsg. v. Rudolf Vierhaus (Wolfenbütteler Studien zur Aufklärung, VII). 1981.

2. Die Theorie des »Privat-Trauerspiels«

Die Entfaltung des bgl. Tr. der fünfziger und sechziger Jahre wird begleitet von intensiven Bemühungen um die theoretische Rechtfertigung der neuen Gattung. Diese Theorie ist eine empfindsame Dramaturgie. Sie ist keine ständische Dramaturgie in dem Sinne, daß Probleme der mittelständischen Klassenlage als Thema und bürgerliches politisches Klassenbewußtsein als ideelle Substanz gefordert würden.

Eine selbstbewußte Identifikation mit dem Mittelstand als sozialer Schicht hat man allenfalls bei *Pfeil* (1755) erkennen wollen (Wierlacher, 1967, S. 379 f.). Das bgl. Tr., heißt es bei ihm, biete eine echte Möglichkeit, Tragik zu gestalten, »so lange es noch Personen giebt, die ohne zu Kron und Scepter gebohren zu seyn, erhabener denken als mancher Prinz« (§ 15; Martino, S. 419 f., Anm. 146, zitiert aus einem 1756 in den »Neuen Erweiterungen« gedruckten Lobgedicht auf Pfeil, das ähnliche Töne anschlägt). Aber auch Pfeil verlangt weder speziell mittelständische Themen noch bürgerliche Tendenzdramatik. In den erwähnten Zeugnissen zur Wortbedeutung aus der Frühzeit der noch unsicheren Beschäftigung mit dem bgl. Tr. blickt eine gewisse Bindung des bgl. Tr. an den bürgerlichen Stand und seine Interessen durch, ohne daß dies Moment jedoch zu einer entsprechenden Theorie ausgebaut würde (s. o. S. 11 f.). *Nach* Pfeils Abhandlung gibt sich die deutsche Theorie des bgl. Tr. jedoch nur noch als Dramaturgie des »Privat-Trauerspiels« (Wieland, s. o. S. 13); für dieses ist die ständische Zugehörigkeit des Personals unwichtig.

Die Theorie ist naturgemäß polemisch. Aber die Überlegenheit des bgl. Tr. über die heroische Tragödie wird mit sehr verschiedenem Nachdruck betont. Am aggressivsten äußert sich

Lessing 1756/57 im Briefwechsel über das Trauerspiel. *Pfeil* (1755), *Schmid* (1768) und *Ramler* (1774) sehen hingegen substantielle Gemeinsamkeiten, so daß sich die Unterschiede bereits verwischen. Diese Kritiker gehören zu denen, die bei unverkennbarer Bevorzugung der neuen Gattung die alte durchaus gelten lassen, die Differenz zum Gradunterschied umdeuten. Daneben gibt es auch vorbehaltvolle Unentschiedenheit, die dem bgl. Tr. mit der einen Hand nimmt, was sie ihm mit der anderen gibt, z. B. bei *Nicolai* in der »Abhandlung vom Trauerspiele« (1757, bes. S. 13 in Robert Petschs Ausgabe von »Lessings Briefwechsel mit Mendelssohn und Nicolai über das Trauerspiel«) und noch 1774 bei *Sulzer* (»Allgemeine Theorie der Schönen Künste«, Bd II, S. 1167 f., 1175). Eine Rolle spielt bei den Bedenklichen der Verdacht, daß das Privatleben statt Tragik im Grunde doch nur »traurige Empfindungen« und »unthätiges Mitleiden« (Sulzer, Bd II, S. 1168) zulasse; *Pfeil* hatte das energisch bestritten (§ 15; noch 1792 folgt ihm darin Valdastri, S. 39). Aber im Hinblick auf die ausgedehnte, Pfeil noch nicht vorliegende Praxis der fünfziger bis siebziger Jahre, die zur Moralisierung und Abschwächung des Tragischen neigt, muß man urteilen, daß Sulzer einen wunden Punkt gesehen hat. In der Theorie entspricht dem die Tatsache, daß die Dramaturgie des bgl. Tr. oft verschmilzt mit der des bürgerlichen Dramas, obwohl manche Theoretiker als Unterscheidungszeichen den tragischen Ausgang für das bgl. Tr. fordern (Schmid, 1768, S. 208; J. A. Eberhard, »Theorie der schönen Künste und Wissenschaften«, 1783, ³1790, § 173.3; vgl. Ramler, »Einleitung«, ⁴1774, S. 280, 281, Anm.).

Andererseits ist auch die Theorie des empfindsamen bgl. Tr. oft nicht zu trennen von der Theorie des Trauerspiels überhaupt, besonders nicht die Lehre von der Rührung als Zweck der tragischen Dichtung. Der Lessing der »Hamburgischen Dramaturgie« und schon des Briefwechsels über das Trauerspiel ist ein Beispiel dafür.

Umstritten ist die Frage, ob die Theorie des bgl. Tr. der Praxis vorausgeht, wie neuerdings Daunicht behauptet hat (vgl. Heitners Kritik in: JEGP LXIII, 1964, bes. S. 292; Pikulik, in: Euphorion LVIII, 1964, bes. S. 110; schon Pinatel [s. o. S. 15], S. 50). Ihre Beantwortung hängt davon ab, wieviel Bedeutung man dem »Unregelmäßigen« einschließlich der Verletzung der Standesklausel als angeblichem Charakteristikum des bgl. Tr. beilegen zu müssen glaubt. Wie bereits bemerkt, ist in dieser Richtung nicht das Wesentliche des bgl. Tr. zu suchen (s. o. S. 18). Daß etwa, nicht beim frühen Gottsched (wie Daunicht S. 106 f. und noch Martino S. 418 meinen, Heitner S. 292 jedoch mit Recht bestreitet), aber doch bei M. C. Curtius (im

Aristoteles-Kommentar, 1753) und J. E. Schlegel (in den 1747 entstandenen, aber erst 1766 veröffentlichten »Gedanken zur Aufnahme des dänischen Theaters«) andere als die »vornehmsten Standespersonen« als Personal der Tragödie zugelassen werden wie schon bei Corneille (s. o. S. 8), fällt nicht ins Gewicht gegenüber der Tatsache, daß diese theoretischen Lockerungen keineswegs eine empfindsame Dramaturgie darstellen. So bleibt die ältere Ansicht zu Recht bestehen, daß die deutsche Theorie der deutschen Praxis nachhinkt, allerdings nur um ein paar Monate: »Miß Sara Sampson« erschien Ostern, Pfeils Abhandlung im Juli 1755 (ohne auf Lessings bgl. Tr. Bezug zu nehmen). Abgesehen wird bei dieser Fixierung der Priorität nicht nur von gelegentlichen früheren aperçuartigen theoretischen Bemerkungen wie der Lessings von 1754 (s. o. S. 11), sondern auch von gedanklich mit der Theorie des empfindsamen bgl. Tr. völlig parallel laufenden Empfehlungen der empfindsamen Familienromane Richardsons wie in Hallers »Clarissa«-Besprechung von 1749 (»Kleine Schriften«, [2]1772, Bd I, S. 308). Wierlacher hat 1967 darauf aufmerksam gemacht, daß sich Grundzüge des Persönlichkeitsideals des bgl. Tr. (Vorstellungen von Zufriedenheit, Tugend und Größe) auch in der deutschen Lehrdichtung schon der vierziger Jahre, namentlich bei Haller, Hagedorn und Uz finden, und zwar ebenfalls in mehr oder weniger ausgesprochener Polemik gegen das barocke Heldenideal der tränenlosen stoischen Standhaftigkeit.

Die deutschen Abhandlungen zur Theorie des empfindsamen bgl. Tr. sind häufig logisch unbeholfen und unklar. Auch weichen sie in der Akzentsetzung z. T. voneinander ab. Folgendes gedankliche Skelett läßt sich jedoch als allen Gemeinsames und Wesentliches herauspräparieren. (Eine Fülle von Material bietet das Buch von Wierlacher, 1968.)

Ein Vorzug des bgl. Tr. vor dem heroischen ist, so heißt es stereotyp, daß es »einen grössern Nutzen stiftet« (Schmid, 1768, S. 205). Unter Nutzen ist sittliche Besserung zu verstehen, »nützliche Moral« (Valdastri, S. 38). Erzielt wird diese jedoch nicht durch die Einsicht des rational überlegenen Zuschauers wie in der Typenkomödie, auch nicht, wie in der Heldentragödie, durch die intellektuelle Bewunderung unempfindlich standhafter Übermenschen: *Lessing* wertet als Theoretiker des bgl. Tr. die Bewunderung als »kalten Affekt« ab, und »der einzige unverzeihliche Fehler eines tragischen Dichters ist dieser, daß er uns kalt läßt« (»Hamburgische Dramaturgie«, 16. Stück). Vielmehr erreicht das bgl. Tr. seinen Zweck durch die Wirkung auf das Gemüt, die Gefühle, nämlich durch die »Rührung«. Ihr wird ein nachhaltigerer Einfluß auf die Charakterbildung zugeschrieben als dem Appell an den Intellekt. Nach dem Kriterium dieser Wirkung definiert *Nicolai* das bgl. Tr. geradezu als »rührendes Trauerspiel« (»Briefwechsel«, hrsg. v. Petsch, S. 19).

Angesprochen, aktiviert wird in der Rührung jedoch nicht das Gefühl im allgemeinen, sondern eine bestimmte Möglichkeit des Empfindens: die Fähigkeit, Mitleid zu fühlen. Das Mitleid – der zeitgenössische Ausdruck »Mitleiden« zur Kennzeichnung dieses empfindsamen »vermischten« Gefühls par exellence bestimmt das empathische Element treffender – bekundet sich im angenehmen, z. T. auch genußvoll kultivierten Weinen. »So wollte ich auch unendlich lieber«, schreibt *Lessing* 1756 im Vorwort zu der Übersetzung von Thomsons Trauerspielen, »der Urheber des *Kaufmanns von London*, als des *sterbenden Cato* seyn, gesetzt auch, daß dieser alle die mechanischen Richtigkeiten hat, derentwegen man ihn zum Muster für die Deutschen hat machen wollen. Denn warum? Bey einer einzigen Vorstellung des erstern sind, auch von den Unempfindlichsten, mehr Thränen vergossen worden, als bey allen möglichen Vorstellungen des andern, auch von den Empfindlichsten, nicht können vergossen werden. Und nur diese Thränen des Mitleids, und der sich fühlenden Menschlichkeit, sind die Absicht des Trauerspiels, oder es kann gar keine haben« (Lachmann/Muncker, Bd VII, S. 68; vgl. Ramler, »Einleitung«, ^{4}1774, S. 276). Die moralisch bessernde Wirkung, die dem bgl. Tr. zugeschrieben wird, besteht eben in der Erziehung zu optimaler Mitleidsfähigkeit, »Fühlbarkeit«, philantropischer Sympathie. »Der mitleidigste Mensch ist der beste Mensch [...]. Wer uns also mitleidig macht, macht uns besser und tugendhafter« (Lessing an Nicolai, [13.] Nov. 1756). Daher die häufige Koppelung von Rührung des »Herzens« und moralischer Besserung, wenn von den absoluten oder relativen Vorzügen des bgl. Tr. gegenüber der heroischen Tragödie die Rede ist.

Dabei besteht die Gefahr, daß sich die Freude an der Rührung zu einem autistischen Gefühlsschwelgen verselbständigt, in dem die Aufgelegtheit »zu allen gesellschaftlichen Tugenden« (Lessing an Nicolai, [13.] Nov. 1756), der »Nutzen in der Societät« (Haller, »Götting. gel. Anz.«, 1768, S. 552), die »Liebe für [...] die bürgerlichen Pflichten« (Valdastri, S. 38) sich verflüchtigen (Weiteres bei Wierlacher, S. 147 ff.). Dieser Gefahr beugt Lessing im 78. Stück der »Hamburgischen Dramaturgie« vor durch die Befürwortung einer Regulierung des Mitleids, die auf das richtige Maß der Empathie abzielt.

Am sichersten ist solche Rührung und Besserung zu erreichen, wenn der Zuschauer die vollständige Illusion der Wirklichkeit hat. Wirklichkeit ist nun aber nicht mehr die mythisch-geschichtliche, von Gott geschaffene Welt wie in der heroischen Tragödie (s. o. S. 16), sondern die des gegenwärtigen »gemeinen Lebens«, wie sie das Publikum aus der täglichen Erfahrung kennt. Praktisch artikuliert sich die Frage nach der Wirklichkeit daher als die nach der Wahrscheinlichkeit oder »Lebenswahrheit«: »Tugenden, Laster, Begebenheiten, alles ist uns wahrscheinlicher, weil sie aus der Sphäre unserer eignen Erfahrung genommen sind« (Schmid, 1768, S. 212) und entsprechend »realistisch« – schon sprachlich – dargestellt sind (vgl. »Hamburgische Dramaturgie«, 32. Stück). Den engen Zusammenhang von Rührung und Wahrscheinlichkeit der vorgestellten Welt und Personen beleuchtet eine Äußerung von Hippel aus dem Jahre 1767 über eine Aufführung von »Miß Sara Sampson«: »Bürgerliche Trauerspiele haben überhaupt den Vorzug, daß sie näher ans Herz gehen. Wir sind sozusagen unter uns, und nehmen an dem, was vorgeht, um so mehr Anteil, als das, was wir sehen, unseren Anverwandten, unsern Freunden – uns selbst begegnen kann« (F. J. Schneider, »Th. G. v. Hippel...«, Prag 1911, Anhang, S. 16). »Wir« finden »unsere« Wirklichkeit auf der Bühne wieder und vermögen die Illusion zur Identifikation unserer selbst mit den Menschen auf der Bühne zu steigern: »Dann kehre ich mein Aug von der Bühne auf mich« (Sonnenfels, Neudruck, S. 144); »wir bedauren in den unglücklichen Personen [...] uns selbst« (Pfeil, § 9).

Die Identifikation ist wiederum nur möglich, wenn die auf der Bühne dargestellten Personen »uns« auch wirklich gleich sind. Aber wer sind »wir«? Die frühste Fassung der dann oft wiederholten Antwort steht bei Pfeil: »Man erblicket in [dem bgl. Tr.] keine Sieger, keine Tyrannen, keine ihrer Kronen und ihres Lebens beraubte Prinzen; sondern Bösewichte und redliche Männer, wie wir sie täglich im gemeinen Leben wahrnehmen« (§ 5), mit einem Wort: »Privatpersonen« (§ 3). Der wesentliche, für das bgl. Tr. der Empfindsamkeit konstitutive, wenn auch nicht notwendigerweise im Drama selbst thematisierte Gegensatz ist nicht der von Ständen, sondern von Öffentlichkeit (Hof, Staat, Politik, Heroik) und Privatleben, an dem jeder Stand, »das ganze menschliche Geschlecht« (Sonnenfels, Neudruck, S. 145), teilhaben kann. Im Trauerspiel, sinngemäß: im bgl. Tr., sollen wir, heißt es im 80. Stück der »Hamburgischen Dramaturgie«, »nichts als den Menschen hören«.

Diese Nur-Menschlichkeit der »Privatpersonen«, die zugleich »unsere« ist, hat drei Aspekte: einen moralischen, einen seelischen und in sehr bedingter Weise einen ständischen. Der moralische ist nicht verschieden von der aristotelischen Lehre vom mittleren Charakter (»Hamburgische Dramaturgie«, 75. Stück): die Bühnenfigur soll einen moralischen Durchschnitt repräsentieren, keine Extreme irgendwelcher Art; und wenn sie als »gut« dargestellt wird (der Begriff der Größe also in der Polemik gegen die barocke Auffassung rein sittlich gedeutet wird), dann nicht so, daß sie kalte, intellektuelle Bewunderung erregt (Pfeil, § 9). »Denn die aufgeblasenen Heldentugenden des Trauerspiels, die Verachtung des Todes und die römische Großmuth werden alzuselten uns zu Pflichten« (Haller, »Gött. gel. Anz.«, 1773, S. 51). – Der seelische Aspekt ist der wichtigste: in Lebensstil und Gesinnung erscheint der Mensch in seinen Gefühlsbeziehungen zum Mitmenschen, als Glied einer Gemeinschaft, die primär auf seelischer Bindung beruht. So entfaltet er sein Wesen vornehmlich in häuslich-familiärem Dasein. Er ist empfindsam, im Gegensatz zu den stoisch unempfindlichen »schönen Ungeheuern« (Lessing an Mendelssohn, 28. Nov. 1756) gebrechlich und schwach, nur da ganz Mensch, wo er fühlt. Gleich welchen Standes, tritt er in Erscheinung als Vater, Sohn, Mutter, Tochter, Nachbar, Freund usw. In dieser Funktion vermögen selbst die »Großen«, wenn sie entsprechend dargestellt sind, »unsern« Anteil zu erwecken, den wir ihnen als politischen Figuren versagen (so Lessing auf den Spuren des »Journal Étranger« im 14. Stück der »Hamburgischen Dramaturgie« u. v. a.). Schmid relativiert mit diesem Argument folgerichtig die Differenz zwischen bürgerlichem und heroischem Trauerspiel (1768, S. 210), während Engelbrecht aus solchen Erwägungen heraus auch den »hohen Adel« im bgl. Tr. zuläßt und Buri ein »Bürgerliches Trauerspiel« über die letzten Tage Louis' XVI. schreibt. – Der ständische Aspekt kann nach dem Gesagten eigentlich keine Rolle spielen. Gelegentlich wird er zwar erwähnt, allerdings nur, um gleich relativiert zu werden.

So ist Pfeils Bemerkung, der »tugendhafte Bürger« rühre uns »vielleicht [!] eher, weil sein Stand eine größere Gleichheit mit uns hat« (§ 4), nicht ganz eindeutig im Sinne einer sozialen Klassifikation statt als Gegenbegriff zur Welt des Heroischen zu begreifen, wenn auch Pfeil, wie gesagt (s. o. S. 12), die soziale Schicht der dramatis personae des bgl. Tr. (»Mittelstand«) genau fixiert und beschreibt. Ähnlich Sonnenfels: »Ohne Zweifel ist der *Antheil* an dem Unglücke eines *Vaters,* einer *Mutter* aus meiner Klasse, unendlich stärker, als der Antheil, den ich an den Begebenheiten eines *Helden*, einer *Königinn* nehme« (Neudruck, S. 144, vgl. S. 151). Zum Verständnis ist jedoch zu beachten, daß gleich auf der nächsten Seite betont wird: im Gegensatz zur »hohen Tragödie«, die mit dem »Antheil eines *Standes*, der dazu nicht sehr zahlreich ist«, rechne, könne das bgl. Tr. auf den »Antheil *des ganzen menschlichen* Geschlechts« zählen; dementsprechend habe Lillos »London Merchant« auch nicht »*nur für einen gewissen Stand eine Anziehung*«, sondern sei ein »warnendes Gemälde« für die »ganze Menschheit«. Aus »irgend einem Stande mußte ja der verführte Jüngling gewählet werden« (S. 119). Nur zögernd (»so scheint es, als ob«...) formuliert auch Ramler 1774 den sozialständischen Aspekt der Identifikation von Publikum und dramatis personae: Tragik sei in allen Ständen, selbst den »geringsten« möglich. »Ja, da der große Haufen der Zuschauer selbst von diesem Mittelstande ist, so scheint es, als ob die nahe Verwandtschaft des Unglücklichen, und derer, die ihn leiden sehen, noch einen Bewegungsgrund mehr abgeben müßte, die Herzen zu rühren« (S. 273). Charakteristisch ist, daß selbst diese sporadische soziologische Fixierung sofort zurücklenkt zur Rührung, die prinzipiell jeder »menschliche« Tragödienheld ermögliche (S. 275). So hält Ramler denn auch am Schluß die Unterschiede zwischen dem griechischen heroischen und dem zeitgenössischen bürgerlichen Trauerspiel für so gering, »daß wir nicht nöthig haben, aus diesen Tragödien zwo besondere Gattungen zu machen« (S. 281).

Hauptquellen:

Deutsche:

anon. [Gottlob Benjamin *Pfeil*]: Vom bürgerlichen Trauerspiele, in: Neue Erweiterungen der Erkenntnis und des Vergnügens VI, 31. Stück, 1755, S. 1–25. Neudruck in: Karl Eibl: G. E. Lessing: »Miss Sara Sampson«. 1971, S. 173–189, und bei J. Mathes (s. u. S. 49).

G. E. *Lessing:* Vorrede zu: Des Herrn Jacob Thomson sämtliche Trauerspiele. 1756. (Lachmann/Muncker, Bd VII, S. 66–71.) – Lessings Briefwechsel mit Mendelssohn und Nicolai über das Trauerspiel, hrsg. v. Robert Petsch. 1910. Reprint 1967. – Lessing, Mendelssohn, Nicolai: Briefwechsel über das Trauerspiel, hrsg. v. Jochen Schulte-Sasse. 1972. – Hamburgische Dramaturgie, bes. 14. Stück.

Christian Heinrich *Schmid:* Über das bürgerliche Trauerspiel, in: Unterhaltungen, hrsg. v. Daniel Schiebeler u. J. J. Eschenburg, V, 1768, S. 308–316. Zitiert nach dem Neudruck in: Litterarische Chronik, hrsg. v. J. G. Heinzmann, III, 1788, S. 204–215.

Joseph von *Sonnenfels:* Briefe über die wienerische Schaubühne. 1768. Neudruck Wien 1884.

Albrecht von *Haller:* Zahlreiche Rezensionen in den Götting. gel.

Anz.; vgl. Karl S. Guthke: Haller und die Literatur. 1962, S. 49–84 u. 138–140. Auswahl: Hallers Literaturkritik, hrsg. v. Karl S. Guthke. 1970.

Karl Wilhelm *Ramler:* Einleitung in die schönen Wissenschaften, nach dem Französischen des Herrn Batteux. [4]1774. Bd II, S. 270 ff.

anon. [Johann Andreas *Engelbrecht*]: Wilhelm Cooke: Grundsätze der dramatischen Kritik. Aus dem Englischen übersetzt, mit Zusätzen u. Anmerkungen. 1777. Weitgehend Paraphrase der Schrift Pfeils. Abdruck bei A. Wierlacher: Das Bürgerliche Drama. 1968, S. 166 ff.

Johann Friedrich *Schink*: Dramaturgische Fragmente. Graz 1781–1783.

Johann Gottfried *Dyk*: Ein Dialog statt der Vorrede zu: Leichtsinn und Verführung, oder Die Folgen der Spielsucht. 1784. Neufassung in Dyks »Nebentheater«. Bd V, 1787, S. 3–84.

Ernst Karl Ludwig Ysenburg *von Buri*: Vorrede zu: Ludwig Capet, oder Der Königsmord. 1793.

Jürgen *Mathes* (Hrsg.): Die Entwicklung des bürgerlichen Dramas im 18. Jh. 1974.

Ausländische in deutschen Übersetzungen des 18. Jahrhunderts:

Diderot: s. o. S. 35 (1760).

Landois: s. o. S. 34 (1764).

Jean François *Marmontel:* Des Herrn Marmontels Dichtkunst aus dem Französischen übersetzt und mit einigen Zusätzen vermehrt (v. G. B. v. Schirach). 1766–1768. Frz. zuerst 1763.

P. A. Caron de *Beaumarchais:* Versuch über das ernsthafte Schauspiel, übersetzt v. Pfeffel in seinen »Theatralischen Belustigungen. Nach französischen Mustern. Vierte Sammlung«. 1770, S. 1–54. Frz. zuerst 1768.

Mercier: s. o. S. 35 (1776).

Idelfonso *Valdastri*: Welche Vorzüge hat das bürgerliche Trauerspiel vor dem heroischen Trauerspiele...? in: Neue Bibliothek der schönen Wissenschaften u. der freyen Künste LII, 1. Stück, 1794, S. 26–116. Reprint: Preisschrift über das bgl. Tr., hrsg. v. A. Wierlacher. 1969. Italienisch zuerst 1792.

Literatur:

Vgl. auch die o. S. 15–16 genannten Darstellungen der Geschichte des bgl. Tr. und die Einführungen zu den verzeichneten neueren Textausgaben.

Roland *Schacht:* Die Entwicklung der Tragödie in Theorie und Praxis von Gottsched bis Lessing. Diss. München 1910.

Mary *Beare:* Die Theorie der Komödie von Gottsched bis Jean Paul. Diss. Bonn 1927.
Josef *Clivio:* Lessing und das Problem der Tragödie. 1928.
Fred O. *Nolte:* The Early Middle Class Drama (1696–1774). Lancaster, Pennsylvania, 1935, Kap. VII: »Bourgeois Tragedy: Pro and Con«.
J. G. *Robertson:* Lessing's Dramatic Theory, Being an Introduction to and Commentary on his »Hamburgische Dramaturgie«. Cambridge (Engl.) 1939. Reprint New York 1965.
Joachim *Krueger:* Zur Frühgeschichte der Theorie des bürgerlichen Trauerspiels, in: Worte und Werte. Bruno Markwardt zum 60. Geburtstag, hrsg. v. Gustav Erdmann u. Alfons Schützeichel. 1961, S. 177–192.
Richard *Daunicht:* Die Entstehung des bürgerlichen Trauerspiels in Deutschland. 1963. [2]1965.
Lothar *Pikulik*: »Bürgerliches Trauerspiel« und Empfindsamkeit. 1966.
Peter *Michelsen:* Die Erregung des Mitleids durch die Tragödie. Zu Lessings Ansichten über das Trauerspiel im Briefwechsel mit Mendelssohn und Nicolai, in: DVjs. XL, 1966, S. 548–566.
Alberto *Martino:* Geschichte der dramatischen Theorien in Deutschland im 18. Jh. Bd I: Die Dramaturgie der Aufklärung (1730–1780). 1972, S. 392–436.
Alois *Wierlacher:* Über die Bedeutung des Lehrgedichts für die theoretische Begründung des Bürgerlichen Dramas im 18. Jh., in: GRM, N. F. XVII, 1967, S. 365–380.
Alois *Wierlacher:* Das Bürgerliche Drama. Seine theoretische Begründung im 18. Jh. 1968.
Alois *Wierlacher:* Einleitung zu: Idelfonso Valdastri: Preisschrift über das bürgerliche Trauerspiel. 1969.
Peter *Szondi*: Die Theorie des bürgerlichen Trauerspiels im 18. Jh. 1973.

3. Das empfindsame bürgerliche Trauerspiel

In Deutschland ist das frühe bgl. Tr. eine Gattung der Empfindsamkeit. Das war auch in England so gewesen; doch ist für die deutsche Entwicklung daran zu erinnern, daß hier die Bindung der Personen an ihren Beruf und Stand und an ein entsprechendes standestypisches Denken (außer bei Dusch) oder gar an emanzipatorisches bürgerliches Standesbewußtsein ebenso fehlt wie eine gesellschaftskritische Tendenz. »Bürgerlich« ist das vorgeniezeitliche deutsche bgl. Tr. vielmehr im Sinne von »mitmenschlich-privat-moralisch-gefühlvoll«; eine indirekte soziologische Bedeutung hat es zwar insofern, als das mit diesen Begriffen bezeichnete Ethos, historisch gesehen, wenn auch nicht expressis verbis aus den Stücken selbst ablesbar, das der aufstrebenden Mittelschicht der fünfziger und sechziger Jahre ist.

Den Anfang macht, wie bereits von den Zeitgenossen erkannt (s. o. S. 20), der junge *Lessing* mit seiner im Untertitel ausdrücklich als bgl. Tr. bezeichneten ersten Tragödie, »Miß Sara Sampson«, die 1755 veröffentlicht und aufgeführt wurde. Im Genre des empfindsamen bgl. Tr. ist sie Lessings einziger vollendeter Versuch geblieben. Nicht ausgeführt wurde der Plan zu einem »bürgerlichen« »Faust« in den fünfziger oder, wahrscheinlicher, sechziger Jahren, und über den ersten Akt nicht hinausgelangt ist der Entwurf zu einem »bgl. Tr.« »Tonsine«, der sich nicht genauer datieren läßt, aber eine Konzeption des bgl. Tr. verrät, die ebenfalls in die fünfziger oder sechziger Jahre, in die Zeit vor der Neufassung dieses Begriffs in »Emilia Galotti«, deutet.

Daß »Miß Sara Sampson« in der Geschichte des deutschen Theaters und Dramas »Epoche macht«, wurde schon von den Zeitgenossen bemerkt (J. G. Dyk, »Nebentheater«, Bd V, 1787, S. 27). Das Stück war denn auch bis in die erste Hälfte der siebziger Jahre ein erstaunlicher Theatererfolg (Schmid, »Chronologie des deutschen Theaters«, 1775, Neudruck, 1902, S. 115). Trauerspiele des gleichen Typus schossen bald, mehr oder weniger direkt von »Miß Sara Sampson«, jedenfalls aber von der begeisterten Publikumsreaktion auf das Novum, angeregt, überall aus dem Boden. Einige davon sind auf dem Titelblatt als bgl. Tr. ausgewiesen, aber längst nicht alle, die man mit der durch Lessing aufgekommenen Mode in Zusammenhang bringen könnte; viele nennen sich im Untertitel schlicht »Trauerspiel« (wie ja auch »Miß Sara Sampson« selbst im Neudruck von 1772): z. B. *Brandes'* »Miß Fanny«, »Olivie«, »Ottilie«, *Wielands* Richardson-Bearbeitung »Clementina von Porretta«, die Lessing und Löwen als bgl. Tr. bezeichneten (s. o. S. 28), Otto Nathanael *Baumgartens* »Carl von Drontheim«, *Steffens'* Cleveland-Dramen, ganz zu schweigen von einer großen Zahl von Werken, deren Verfasser unbekannt geblieben sind. Künstlerisch und dramatisch durchweg weniger bedeutend als »Miß Sara Sampson«, gehaltlich weder profund noch komplex, heute vergessen und großenteils nur in wenigen Exemplaren erhalten, sind diese empfindsamen bgl. Tr. (ob ausdrücklich so bezeichnet oder nicht) hauptsächlich geschmacksgeschichtlich interessant.

Im folgenden werden davon, um die Darstellung nicht ins Uferlose geraten zu lassen, nur diejenigen berücksichtigt, die im Untertitel oder im Vorwort als bgl. Tr. ausgegeben sind (also z. B. nicht Brawes »Freigeist«, der in der Literatur regelmäßig als bgl. Tr. behandelt wird). Der Nachteil dieses Verfahrens ist, daß nicht alle der tatsächlich zum Typus gehörenden Exemplare erfaßt werden (zur Ergänzung, die das Bild jedoch nicht verändert, vgl. bes. Sauer, Heitner, Vospernik, Schaer). Der Vorteil ist jedoch nicht nur, daß die Durchsicht von heute überwiegend unbekannten »bgl. Tr.« die an nur wenigen Exemplaren der Gattung gewonnene gängige Vorstellung vom bgl. Tr. der Empfindsamkeit überprüfen kann, sondern auch, daß Bedeutungsnuancen und -variationen des Begriffs in Erscheinung treten, die im 18. Jh. Geltung besaßen, heute aber nicht mehr zur Kenntnis genommen werden – mit dem Ergebnis, daß man sich generell eine zu einheitliche Vorstellung selbst von dem empfindsamen Typus des bgl. Tr. macht.

Die Popularität des empfindsamen bgl. Tr. hielt ungefähr so lange an wie die der »Miß Sara Sampson«. *Sulzer* bedauert 1774, daß »die Trauerspiele von zärtlicherm Inhalt fast durchgehends [...] den allgemeinesten Beyfall« finden. »Denn jeder Mensch ist zärtlich trauriger Empfindungen fähig, und geneigt, die Wollust eines unthätigen Mitleidens zu genießen« (»Allg. Theorie«, Bd II, S. 1168). Zehn Jahre später, 1784, konstatiert *Wieland* im »Teutschen Merkur« bereits den Verfall: »Unsre Schaubühne wurde mit einer solchen Sündfluth von dramatisierten Romanen und dialogierten Alltagsbegebenheiten überschwemmt: daß man endlich auch dieser Waare herzlich überdrüßig zu werden anfing« (Akademie-Ausgabe, Abt. 1, Bd. XIV, S. 416). Aber bis in die neunziger Jahre sind noch zahlreiche Nachzügler des empfindsamen Typus des bgl. Tr. zu verfolgen; und mehrere von ihnen heißen noch bgl. Tr., als der Terminus schon durch »Emilia Galotti« und den Sturm und Drang eine andere Bedeutung angenommen hatte (s. die Übersicht S. 59–62).

»Miß Sara Sampson« ist das Exemplum des empfindsamen bgl. Tr. auch in dem Sinne, daß es den Grundzügen der Gattung entspricht, die in den Abschnitten über die geistesgeschichtliche Bedeutung, »Empfindsamkeit und Bürgerlichkeit« und über die Theorie entwickelt wurden. Das Modell, das *Lessing* damit den Nachbildnern bereitstellte, lautet, auf die einfachste Formel gebracht, etwa so: Das Trauerspiel erfüllt seine »Bestimmung«, nämlich »unsere Fähigkeit, Mitleid zu fühlen, [zu] erweitern«, indem es die Vollkommenheit im Unglück, den tugendhaften Menschen im Leiden zeigt (Lessing an Nicolai, [13.] Nov. 1756, und an Mendelssohn, 18. Dez. 1756). Die frühere Forschung, die sich im wesentlichen an Brüggemanns einsichtsvolle »seelengeschichtliche« Interpretation anschloß, pflegte, Lessing folgend, an diesem Modell die »Verkörperung der Tugend im Sinne der fünfziger Jahre« zu betonen: Sara erschien ihr als »die Trägerin der höchsten Moral« und damit als Vertreterin »streng bürgerlicher Auffassung«; ihrer »selbstlosen Hingabe an ein abstraktes Tugendideal« sei die uneingeschränkte Sympathie der empfindsamen Zeit sicher gewesen (Brüggemann, »Lessings Bürgerdramen...«, S. 71 ff.). Marwood vertrete ihr gegenüber, negativ akzentuiert, den entwicklungsgeschichtlich früheren Typus des vorbürgerlich egoistischen, gewissenlos »politischen« Menschen, Mellefont den entwicklungsgeschichtlich späteren, subjektivistisch emanzipierten Menschentypus, der ebenfalls kritisch als problematische Existenz gesehen werde.

Einige neuere Deutungen haben hingegen einen geschärften Blick für eine gewisse moralische Unzulänglichkeit der »bürgerlichen« Heldin und »Heiligen« (V, 10) entwickelt (wie man ähnlich auch den verkappten Egoismus im Altruismus des alten Sampson entdeckt hat [Ackermann, S. 36–37]). Nicht nur wird ihre Selbstbeschuldigung ernstgenommen im Sinne einer tragischen Verfehlung (Brown). Auch ihr übersteigerter Tugendbegriff berührt heute eher als Halsstarrigkeit (Hillen, S. 121) oder (bis zu der Konfrontation mit der Marwood in IV, 8, in der sie ihre eigene Verfehlung voll erkenne und zur wahren Sittlichkeit gelange) als Rhetorik und Heuchelei (Durzak). In dieser Weise hätte Lessing also seinem Bestehen auf dem »Fehler« oder der Schwäche des tragischen Helden als Voraussetzung für sein Leiden und seine moralische Vervollkommnung im Leiden sowie für das Mitleid des Zuschauers (an Mendelssohn, 18. Dez. 1756) in der Praxis genug getan. Die seelische Entwicklung Saras wäre die zum Begreifen und zur Sühne ihrer Schuld, ihr Weg der von der veräußerlichten Tugend zur wahren Sittlichkeit (Durzak). Ihr Tod kommt nicht »von außen über sie«, ohne »moralischen Kausalzusammenhang« (Pikulik, S. 166, 165); vielmehr veranlaßt ihn Sara sozusagen selbst, um damit, auf dem Höhepunkt ihrer sittlichen Entwicklung, das selbstgesprochene Urteil zu vollziehen (Eibl, S. 156; Brown, S. 145–146).

Die »innere Handlung« ist dann nicht ein primär religiös relevanter Vorgang, nämlich »Dramatisierung der religiösen Erfahrung der fünften Bitte des Vaterunsers« (Bornkamm), sondern eine immanent sittliche Läuterung, die in der Vergebungszene des Schlusses im vollkommensten Bezeugen bürgerlicher Moralgesinnung gipfelt (Acker-

d.h. Sara dynamischer, entwicklungsfähiger, Emilia festgelegte Figur / Tugend.

mann). Wieweit bei diesem Schluß an einen Rückfall in die Märtyrertragödie zu denken ist, bleibt umstritten (Pikulik, S. 157 ff.; Eibl, S. 157 ff., van Ingen, S. 64–65, Labroisse, S. 95). Zu erinnern ist daran, daß Lessing in der Mitleidstragödie immerhin die Bewunderung nicht ganz entbehren will – als den notwendigen »Ruhepunkt« des Mitleids, der diesem letztlich wieder zugute kommt (an Nicolai, [13.] Nov. 1756; an Mendelssohn, 28. Nov. u. 18. Dez. 1756).

Brüggemann dachte in seiner Erörterung des entwicklungsgeschichtlich fortgeschritteneren, unbürgerlichen Mellefont schon zögernd und fragend daran, daß Lessing in »Miß Sara Sampson« vielleicht doch schon, ambivalent genug, »eine kritische Stellung zu der ganzen bürgerlichen Welt- und Lebensanschauung« (also auch Saras) einnehme (S. 77–78). In der neueren kritischen Bewertung von Saras Tugend (zumindest bis zur Konfrontation mit Marwood) ist dagegen, sofern diese Tugend als Reflex derjenigen der Gesellschaft verstanden wird, eine weniger verklausulierte Annahme einer »indirekt[en] Kritik an den Regeln der gesellschaftlich kanonisierten Sittlichkeit« beschlossen (Durzak, S. 68; vgl. H. M. Wolff u. D. Sommer und dazu Guthke, S. 45). Doch dürfte dieses Moment sehr am Rande liegen, und seine Voraussetzung: die kritische Einschätzung von Saras Tugend, die übrigens nicht unwidersprochen geblieben ist (van Ingen, Labroisse), hat die Schwierigkeit, daß die nach Lessings Auffassung unabdingbare aristotelische »hamartia« in erster Linie eine ästhetisch-dramaturgische Notwendigkeit ist, die folglich auch nicht simplistisch als gesellschaftskritisch relevant ausgemünzt werden kann (vgl. Mendelssohn in den »Briefen über die Empfindungen« und Lessing im 63. Literaturbrief über die von der des wirklichen Lebens verschiedene »Sittlichkeit der Schaubühne«). Schließlich bleibt zu betonen, daß die Uneinigkeit über Saras Tugend sich z. T. daraus ergeben dürfte, daß das Augenmerk auf verschiedene Stadien ihrer Entwicklung gerichtet wird – daß Sara im 5. Akt dem (bürgerlichen) Tugendideal der Zeit entspricht, steht hier wie da nicht ernstlich in Frage.

Das Modell des empfindsamen bgl. Tr., das Lessing den Zeitgenossen – nicht unbedingt durch direkten, motivisch einwandfrei greifbaren Einfluß – vermittelte, bot reichlich Gelegenheit zur Entfaltung der Charakteristika, die der empfindsamen Gattung das Gepräge geben: vor allem die Möglichkeit zum Weinen, das oft Ausdruck der »joy of grief« des »Schwärmers«, immer aber Zeichen eines (auch von sich selbst) gerührten, mitleidigen und darum »menschlichen« Herzens ist. Ferner bot es die Möglichkeit zum wortreich kasuistischen, selbstanalytischen Zerreden von unendlich verfeinerten moralischen Gefühlen, zarten und zartesten Gewissensregungen und -konflikten. Emotionale Situationen, besonders traurige, oft auch nur vorgestellte, werden regelmäßig breit ausgemalt; manche Stücke, wie Steffens' »Clarissa« und Willers »Werther«, stellen von Anfang bis Ende eigentlich nur eine einzige solche gefühlvolle Leidenssituation dar. Beklagt wird gelegentlich sogar die Empfindlichkeit der Seele. Diesem Zug zum gefühlsaussprechenden Verweilen korrespondiert der wesentlich passive Habitus der Hauptperson, die mit wenigen Ausnahmen eine Frau oder ein Mädchen ist (vgl. die Dramentitel!). Diese leidende statt handelnde Hauptgestalt ist für die Gattung des empfindsamen bgl. Tr. geradezu konstitutiv; im Grunde betätigt sie sich nur immer wieder in den Akten oder auch Wortgebärden der Großmut.

Das Lessingsche Modell bewährte sich offenbar so sehr, daß man im Laufe der nächsten Jahrzehnte nur wenige und keine radikalen Abwandlungen nötig fand. Diese waren durch die Grundkonstellation begrenzt. Der Akzent konnte vom Leiden oder von der Reue der liebenden Frau mehr auf das Gegenspiel verlagert werden; oder der Verführer rückte in stärkeres Licht. Variabel war auch das Maß der Schuld (»Fehler«) sowie das Gewicht der äußeren und besonders der inneren, seelischen mildernden Umstände, die man der leidenden Hauptgestalt oder auch dem »lasterhaften« Verführer zubilligte. Manchmal werden dabei Unzulänglichkeiten des Verhaltens mit dem zeittypischen pädagogischen Interesse auf unrichtige Erziehungsmethoden (Dyk, »Nebentheater«, Bd V, S. 40–41; vgl. S. 58 zu »Das Mutter-Söhnchen«) oder nach dem Vorbild von Richardsons »Clarissa« auf das uneinsichtige Verfügen der älteren Generation über die jüngere (Heiratszwang) geschoben.

Tugend und Laster bleiben nichtsdestoweniger die Orientierungspunkte der inneren Handlung. Die tragische Substanz öffnet sich der Moralisierung und droht sich zu verflüchtigen, obwohl übrigens nur wenige »bgl. Tr.« »glücklich« enden (»Der Bankerot«, »Die Stimme des Volkes«). Oft zieht ein lehrhaftes Schlußwort die manchmal schon in der Vorrede, im Motto oder im Nebentitel angedeutete moralische Bilanz. Wesentlich für das Verständnis der Empfindsamkeit ist ja, daß sie das Empfinden an die Tugend bindet und es überhaupt in die von der Vernunft gesetzten Schranken weist (s. o. S. 37 f.). Empfindsam sind deshalb »jene Regungen der Tugend, der Zärtlichkeit, welche das Herz empfindet, und die Vernunft billiget« (»Braitwell«, S. 35). Gewarnt wird entsprechend vor der Ausartung empfindsamer Liebe zu maßloser subjektivistischer Leidenschaftlichkeit, die zum Laster führt, wobei (seltener) auch die Morallehren des Christentums bemüht werden wie in Willers »Werther«. Die katastrophalen Folgen solcher Verwandlung von Zärtlichkeit in Wollust demonstriert zuerst Pfeils »Lucie Woodvil« (die man kaum mit Brüggemann als positive Darstellung der Unbedingtheit der subjektivistischen Haltung und als Kritik am bürgerlichen Tugendideal deuten kann; Brüggemann, Einleitung zu »Deutsche Literatur in Entwicklungsreihen, Reihe Aufklärung«, Bd VIII, S. 14; anders Heitner, S. 188–193). In den »bgl. Tr.« von Sturz, Weiße (»Romeo und Julie«) und Dyk, ferner in »Emilie Fermont« und »Elise Hellfeld« kehrt diese Wendung des bgl. Tr. zum Leidenschaftsdrama wieder. Die empfindsamen Gestalten treten dadurch mehr in den Hintergrund; der Sturm und Drang kündet sich an, bzw. er hinterläßt seine Spuren, erscheint aber keineswegs im Licht der rückhaltlosen Bewunderung. Der Glaube der philanthropischen Zeit an die grundsätzliche Güte des Menschen oder zumindest an seine moralische Besserungsfähigkeit dringt in allen diesen Stücken unverkennbar durch, und zwar – bedeutsam für das Phänomen Empfindsamkeit – nicht notwendigerweise im tatsächlichen Handeln der Gestalten, sondern vor allem in ihrem emotional-rhetorischen Verhalten zu ihrem guten oder bösen Tun wie besonders in den Sterbeszenen.

Aus solchen grundsätzlichen Gemeinsamkeiten erklärt sich auch die häufig zu beobachtende Ähnlichkeit von Figuren, Situationen, Motiven, Themen und selbst von Äußerlichkeiten wie Namen (oft englisch, manchmal sprechend), Handlungsort (häufig England, sehr selten exotisch) und Handlungszeit (vielfach kurz vor der von den Eltern angesetzten Hochzeit). (Vgl. Sauer, S. 91–119; Pinatel, S. 43–49; Vospernik, S. 133–145; allerdings alle drei auf zu schmaler Materialbasis und unter betonter Heranziehung von Stücken, die nicht als »bgl. Tr.« deklariert sind.) Mit der Zeit wiederholen sich diese Momente immer mehr, da die späteren Nachahmer und Gleichstrebenden von immer mehr früheren lernen, manchmal allzu schülerhaft wie z. B. der Verfasser der »Emilie Fermont« von Pfeil. Valdastris Behauptung, das bgl. Tr. biete im Gegensatz zum heroischen eine größere, ja unbegrenzte Motiv- und Themenfülle ([s. o. S. 49], S. 73–74, 80–84), wird also durch die Praxis keineswegs bestätigt.

Die Zeit ist ausnahmslos die Gegenwart, das mittlere und spätere 18. Jh., die zentrale Welt immer der Familienkreis – das Hinausstreben in die große, galante Welt gilt als Verfehlung (»Das Gewissen«, »Elise Hellfeld«). Das übliche sprachliche Medium ist die Prosa, Ausnahmen sind »Der Renegat« und Steffens' (zweite) Moore-Übersetzung »Der Spieler« (1765). Absichtliche Komik dringt nur selten ein: bei Sturz, der dies in der Vorrede ausdrücklich verteidigt als Mittel, die tragische Stimmung zu steigern, und in Zieglers »Eulalia Meinau«.

Das tugendhafte, aber schwache junge Mädchen, das meistens im Mittelpunkt steht, gerät, zusammen mit ihrem Liebhaber, in Konflikt zu ihren oder seinen Eltern, sobald diese der Gattenwahl der jüngeren Generation ihre Zustimmung versagen und auf der baldigen Eheschließung mit einem anderen Partner bestehen (wie in Richardsons »Clarissa«, 1747–48). Materielle Erwägungen spielen dabei oft eine Rolle, ständische nicht. Pflicht und Liebe, Gewissen und Herz geraten in Widerspruch zueinander. Eine besondere Nuance bekommt die Personenkonstellation manchmal durch das Motiv des Zwistes der Elternhäuser (»Romeo und Julie«, »Richmond Falben«, »Die Schwärmereyen des Hasses und der Liebe«) oder des Ehebruchs (»Düval und Charmille«, »Leichtsinn und Verführung«, »Elise Hellfeld«, »Eulalia Meinau«). Entführung oder Flucht mit dem Liebhaber, Verstoßung, Eifersucht, Verfolgung, Zwang zur Rückkehr, Reue, Aufdeckung verheimlichter Identität, Mord, besonders Vergiftung, sind Motive, die sich hier dann leicht anschließen. Am Rande macht sich hin und wieder das empfindsame Freundschaftsmotiv geltend, dramaturgisch begünstigt durch die Unentbehrlichkeit des herkömmlichen »Vertrauten« (bes. »Eid und Pflicht«, »Der Freyherr von Bardenfels«, »Jenny«, »Eulalia Meinau«). Der Liebhaber ist in der Regel empfindsam und tugendhaft wie die Geliebte, doch nicht selten, nach dem Vorbild Mellefonts, charakterlich schwach und schwankend, auch reumütig. Die Gegenspieler – der Vater (in den »Lissabonnern« ausnahmsweise die Mutter), der Rivale oder die Rivalin, ein Intrigant oder falscher Freund – sind gewöhnlich als gefühllos, egoistisch-gewissenlos oder tyrannisch-unmenschlich gezeichnet. Sie triumphieren kaum je mit dieser Haltung oder doch nur äußerlich-pragmatisch. Kennzeichnender ist, daß ihnen die Chance zum Sündenbekenntnis oder zur Reue gegeben wird, sei es schon vor dem Einsetzen der Bühnenhandlung wie in »Miß Sara Sampson« oder, häufiger, erst in der Sterbestunde. Selbstmord des Widersachers als Zeichen der Sühne ist nicht selten, z. B. in »Emilie Blontville«, »Der Freyherr von Bardenfels« und »Euphemie«. Zum Selbstmord kann auch der Liebhaber (»Romeo und Julie«, »Die Schwärmereien des Hasses und der Liebe«) oder auch die Geliebte (»Mariane«, »Jenny«) getrieben werden.

Überhaupt sind breit ausgemalte Sterbeszenen außerordentlich beliebt. Häufig laufen die Stücke auf einen tableauartigen Schlußauftritt zu, in dem gerade im Tiefpunkt des Unglücks ein allseitiges zärtliches und beispielgebendes Verzeihen, Verstehen und Verzichten auf Rache und Rivalität die bürgerliche Kardinaltugend der »Großmut« bezeugt. In solchen intensiv emotionalen verklärenden Momenten, die auch schon früher im Stück erscheinen können, wird das Non-plus-ultra der »sich fühlenden Menschlichkeit« erreicht. Tugend bestätigt sich, Schwäche rafft sich zum emotionalen Kraftakt auf, das Laster erkennt und reformiert sich, die gefühlvolle Familiengemeinschaft stellt sich vertieft und gereift, wenn auch dezimiert wieder her. Häufig macht sich in solchen Momenten die religiöse Perspektive geltend: man wird im Jenseits mit den Hingeschiedenen wiedervereinigt sein, und das schmerzliche Geschehen wird als Gottes Fügung gesehen, was jedoch als historisch-realistischer Zug nicht über bloße Floskelhaftigkeit hinausführt: der Akzent liegt hier nicht (s. auch o. S. 17). In »Der Renegat«, »Braitwell« und »Ludwig Capet« geht allerdings die Empfindsamkeit eine unzweideutige Verbindung mit den Glaubenslehren des Christentums ein, zu denen sich in den beiden erstgenannten Dramen überdies die Vertreter des Heidentums bekehren.

Wenn sich, wie es gelegentlich geschieht (s. o. S. 56) die normalerweise wohltemperierte emotionale Atmosphäre des empfindsamen bgl. Tr. erhitzt, kommt es zu Leidenschaftshandlungen und Blutrünstigkeiten: Greuel in Wort und Tat, Mord und Raserei auf offener Bühne, selbst Vatermord und Geschwisterliebe, beides unwissentlich (»Lucie Woodvil«, »Der Renegat«, »Emilie Fermont«, »Don Vincenzo«). Trotz dieser Modifikation des im strengsten Sinne empfindsamen bgl. Tr. wird aber der wesentlich private Charakter des deutschen bgl. Tr. auch hier gewahrt. Hettners Beschreibung des deutschen bgl. Tr. als »dialogisierte Kriminalgeschichten in der Weise George Lillos«, worin »der tragische Konflikt lediglich ein Zusammenstoß mit der Polizei« sei, trifft keineswegs zu (»Geschichte der deutschen Literatur im achtzehnten Jahrhundert«, 1961, Bd I, S. 700).

Eine thematische Sonderstellung innerhalb des empfindsamen bgl. Tr. nimmt *Engels* »Eid und Pflicht« ein, sofern es sich hier um die Bedrohung der empfindsamen Familiengemeinschaft nicht durch Liebesverhältnisse, sondern durch Krieg und Politik handelt (Loyalitätsprobleme im Siebenjährigen Krieg). Auch *Breithaupts* »Renegat« kommt ohne Liebeshandlung aus (Thema des verlorenen Sohns, gesteigert durch Religionskonflikt), und *Iffland* stellt in seinem empfindsamen »bgl. Tr.« »Das Gewissen« die Gefährdung der Familie durch die Auswirkungen eines in der Vergangenheit liegenden Vergehens (Testamentsunterschlagung) in den Vordergrund. – *Buri* führt in seinen beiden empfindsamen bgl. Tr. eine ausgesprochene politische Thematik ein, von der bei Engel noch nicht die Rede sein kann (Französische Revolution), und schafft so, da diese nicht nur den Hintergrund abgibt, die Unterart des »politischen« bgl. Tr. der Empfindsamkeit: private menschliche Beziehungen bewähren und läutern sich in der Verwicklung in politische Ereignisse, die dem Wort »Bürger« hier auch den Sinn von »citoyen«, Volksfreund und Adelsfeind geben. – *Dusch* ist der einzige, der (in seinem Kaufmannsstück »Der Bankerot«) nicht nur ein ausgeprägtes berufliches Milieu, sondern auch die Sprache und das Ethos dieses Berufs – aber keine Kritik an den ständischen Verhältnissen – einführt; Lillos Drama und Diderots Befürwortung der »conditions« dürften hier eine Rolle gespielt haben. Das Empfindsame wird dabei stark an den Rand gedrängt. – In die nächste Nähe des Sturm und Drang, besonders Wagners, gerät hingegen durch ihre sprachlichen und handlungsmäßigen Kraßheiten die anonyme Eifersuchtstragödie »Richmond Falben«, die aber im übrigen einen durchaus empfindsamen thematischen Kern hat. – Sehr reduziert sind die empfindsamen Züge in dem Kolportagestück von *H. J. Wüst*, »Der gleichgültige Offizier«, dessen Motivkette über Verführung, Untreue und Mord zur Hinrichtung des reuelosen Theaterbösewichts führt; es weist allerlei sturm- und drangmäßige Kruditäten auf, aber der Standesgegensatz, der für das bgl. Tr. der Stürmer und Dränger kennzeichnend ist, fehlt. Fast ganz aus dem Rahmen des empfindsamen bgl. Tr. fällt »Das Mutter-Söhnchen«, eins der ersten als bgl. Tr. bezeichneten Dramen überhaupt (1756). Empfindsames ist nur in einer minimalen Nebenhandlung vorhanden; im übrigen haben wir es mit einem pädagogischen Lehrstück zu tun, das, in der Typengestaltung (sprechende Namen!) die Grenze zur Komödie gelegentlich überschreitend, die katastrophalen Folgen allzu nachgiebiger Erziehung demonstrieren möchte.

Als bgl. Tr. bezeichnete deutsche Dramen des 18. Jahrhunderts

Vorbemerkung: Die Angaben in *Heinsius'* und *Kaysers* Bücher-Lexiken sind häufig unzuverlässig. Brauchbarer ist die Bibliographie *Schmids* (s. o. S. 14). *Pinatel* verfährt in seinem »Répertoire« (s. u. S. 63) mit der Angabe »bgl. Tr.« oft eigenmächtig; auch seine sonstigen bibliographischen Angaben sind häufig fehlerhaft. Er nennt ferner ein »bgl. Tr.«, das trotz ausgedehnter Nachforschungen weder in der angegebenen noch in einer anderen Ausgabe nachweisbar war: (Johann Christian?) Bock: »Marwood oder Die gerächte Sara« (1770). *Pikuliks* (s. o. S. 41) Bibliographie des deutschen bgl. Tr. des 18. Jhs ist sehr unvollständig. Zu dem Untertitel ›bgl. Tr.‹ in Übersetzungen s. o. S. 27, 29 u. 31.

Einen Sonderfall stellen zwei im Untertitel als ›bgl. Tr.‹ ausgewiesene jesuitische Schuldramen dar, die nur in Periochen überliefert zu sein scheinen, aus denen ihr prononciert didaktischer Charakter hervorgeht: »Der Grubegräber ... aufgeführt ... in Regensburg ... 1782«, Stadtamhof: Johann Martin Riepel, o. J., und »Die vernachläßigte Kinderzucht ... aufgeführt ... in Regensburg ... 1784«, Stadtamhof: Johann Martin Riepel, o. J. (vgl. oben zu »Das Mutter-Söhnchen«).

Die Verfassernamen anonym veröffentlichter Dramen stehen in der folgenden Liste in eckigen Klammern. Die bibliographischen Angaben sind nur die jeweils dem Titelblatt zu entnehmenden. Die Daten sind die der Veröffentlichung des Erstdrucks. Manchmal ist nach Ausweis der üblichen Nachschlagewerke im gleichen Jahr mehr als eine Ausgabe (in verschiedenen Verlagen) erschienen; genannt werden jedoch nur solche, die dem Verfasser vorgelegen haben bzw. verläßlich verbürgt sind. Zweitdrucke werden nur angegeben, wenn es sich um eine gegenüber dem Erstdruck veränderte Fassung handelt. Sofern nicht anders vermerkt, erscheint die Bezeichnung »bgl. Tr.« als Untertitel. Die nur tangential, aber im wesentlichen nicht empfindsamen Stücke sind mit einem Sternchen (*) versehen. Zu »Emilia Galotti« als »bürgerlicher Virginia« s. u. S. 72, zu Lessings Fragment eines bgl. Tr. »Tonsine« s. o. S. 51.

1755. G. E. Lessing: Miß Sara Sampson. In: Lessing: Schrifften. Bd VI. Berlin: C. F. Voss.
Vgl. Neues Bürgerliches Trauerspiel von fünf Handlungen, aus dem Englischen gezogen, betitelt: Missara und Sirsampson mit Hanswurst, des Mellefonts getreuen Bedienten. Dargegeben von Christiana Friderica Huberin, gebornen Lorenzin. o. O. (Wien), o. J. (1763 aufgef.; vgl. E. Schmidt, »Lessing«, Bd I, 1884, S. 264).

1756.* Das Mutter-Söhnchen. Liegnitz: Siegert.
[Johann Gottlob Benjamin Pfeil:] Lucie Woodvil. In: Neue Erweiterungen der Erkenntnis u. des Vergnügens. Bd VII, 42. Stück.

1758. [Christian Gottlieb Lieberkühn:] Die Lissabonner (zus. mit der Komödie: Die Insel der Pucklichten). Breslau: Carl Gottfried Meyer.

1759. [Karl Theodor Breithaupt:] Der Renegat. Helmstedt: Christian Friedrich Weygand. – Etwa zwei Seiten der ursprünglichen Fassung (1757) in: »Anhang zu dem ersten und zweyten Bande der Bibliothek der schönen Wissenschaften u. der freyen Künste«. 1758, S. XXII–XXIV.

1763. Joh. Jacob Dusch: Der Bankerot. Hamburg: Dieterich Anton Harmsen.

1765. J. H. Steffens: Clarissa, nach Anleitung der bekannten Geschichte. Zelle: George Conrad Gsellius.

1767. [Helfrich Peter Sturz:] Julie. Kopenhagen u. Leipzig: Proft. Untertitel: »Ein Trauerspiel«, doch in dem vorgedruckten »Brief über das deutsche Theater...« als »bürgerliches Trauerspiel« bezeichnet.

1768. [Christian Felix Weiße:] Romeo und Julie. In: [Weiße:] Beytrag zum deutschen Theater. Bd. V. Leipzig: Dyck. Nach Wilpert-Gühring u. a. Bibliographien im selben Jahr auch separat erschienen.

1769. [Ernst Friedrich Hektor Falcke:] Braitwell. Frankfurt u. Leipzig: Johann Philipp Krieger.

1770. Johann Gottfried Christian Nonne: Don Pedro und Anton. In: Nonne: Vermischte Gedichte. Jena u. Leipzig: Melchior.

Brackwell. Frankfurt: Krieger.

1771.* Irene. S. 211–332 in einer Zeitschrift oder einem Sammelband, vorhanden in der Theatersammlung der Österreichischen Nationalbibliothek, handschriftlicher Vermerk: »Breslau 1771«.

1772. [Ernst Theodor Johann Brückner:] Emilie Blontville. In: Brückner: Etwas für die deutsche Schaubühne. Brandenburg: Halle.

1773. H. C. H. von Trautzschen: Der Freyherr von Bardenfels. In: Trautzschen: Deutsches Theater. Bd II. Leipzig: Friedrich Gotthold Jacobäer.

1775.* Der Büchsenmacher. o. O.

Emilie Fermont. Oder: Die traurigen Würkungen der Liebe ohne Tugend. Leipzig: Christian Gottlob Hilscher.

[Friedrich Theophilus Thilo:] Euphemie. Leipzig.

1776. [Friedrich Wilhelm Gotter:] Mariane. Gotha: Carl Wilhelm Ettinger. Nach La Harpes »Mélanie« (1770).

1778. [Christiane Karoline Schlegel, geb. Lucius:] Düval und Charmille. Leipzig: Weidmanns Erben u. Reich.

Jenny. Frankfurt u. Leipzig.

[Willer:] Werther. Frankfurt u. Leipzig.

1780. Don Vincenzo. Frankfurt u. Leipzig: Tobias Göbhardt.

Richmond Falben. Frankfurt u. Leipzig: Tobias Göbhardt.

Christian Felix Weiße: Die Flucht. In: Weiße: Trauerspiele. Bd V. Leipzig: Dyk. (1772 aufgeführt.)

1781. Lidie von Wendlant. Wien: Joseph Gerold.

August Wilhelm Iffland: Albert von Thurneisen. Mannheim: Schwan.

1784. Johann Gottfried Dyk: Leichtsinn und Verführung, oder Die Folgen der Spielsucht. Mit »Dialog statt der Vorrede«. Leipzig: Dyk. Bearbeitet als »Ferdinand Pernau, ein Trauerspiel« in: J. G. Dyk: Nebentheater. Bd V. Leipzig: Dyk 1787, mit dem stark überarbeiteten »Dialog statt der Vorrede«, der das Stück jedoch als bgl. Tr. ausgibt.

* Friedrich Schiller: Kabale und Liebe. Mannheim: Schwan.

1785. [Hartmann:] Elise Hellfeld. o. O.

In der »Hartmann« signierten Vorrede zu »Rosenwald, oder die Folgen verkannter Liebe«, Konstanz: Martin Wagner, 1786, heißt es: »Mein erster Versuch war Elise Hellfeld, ein bürgerliches Trauerspiel«.

(Gottlob) Ludwig Hempel: Karl und Louise, oder: Nur einen Monat zu spät. Leipzig: Friedrich Gotthold Jacobäer.

(Gottlob) Ludwig Hempel: Die Schwärmereyen des Hasses und der Liebe. Leipzig: Friedrich Gotthold Jacobäer.- Anon. auch 1785. München: Johann Bapt. Strobl.

1787. (H. J.) Wüst: Der gleichgültige Offizier, oder was vermag Schwärmerei nicht? Köln: Johann Godschalk Langen.

1789.* [Karl G. Lessing:] Der Schlaftrunk oder Mütter! Hütet eure Töchter besser. o. O. (Bearbeitung von H. L. Wagners »Kindermörderin«).

1790. Fr. Rosenberg: Ehrgeiz und Vorurtheil. Köln: Langensche Buchhandlung.

1791. L. Y. von Buri: Die Stimme des Volkes; oder Die Zerstörung der Bastille. Neuwied: J. L. Gehra.

F. Wilhelm Ziegler: Eulalia Meinau oder die Folgen der Wiedervereinigung. In: Deutsche Schaubühne. Bd VI. Augsburg. – Nach Goedeke und Kayser im selben Jahr auch separat erschienen.

1793. L. Y. von Buri: Ludwig Capet, oder Der Königsmord. Neuwied: J. L. Gehra (mit Vorrede, datiert »im März 1793«).

1799. August Wilhelm Iffland: Das Gewissen. Leipzig: Göschen.

1803. J. J. Engel: Eid und Pflicht. Berlin: Mylius. (»Entworfen unmittelbar nach dem Siebenjährigen Kriege« [S. 1], 1776 abgeschlossen.)

Literatur:

Übersichten: s. o. S. 15–16 u. 17–18.

August *Sauer:* Joachim Wilhelm von Brawe. Der Schüler Lessings. Straßburg 1878, Kap. IV: »Die literarischen Wirkungen der ›Miß Sara Sampson‹«.

Albert *Ludwig:* Bürgerliches Trauerspiel und heroische Tragödie, in: Das deutsche Drama, hrsg. v. Robert F. Arnold. 1925, S. 319–338.

J. *Prinsen:* Het drama in de 18e eeuw in West-Europa. Zutphen 1931, Kap. V. u. VI.

Fritz *Brüggemann:* Deutsche Literatur in Entwicklungsreihen, Reihe Aufklärung. Bd VIII: Die Anfänge des bürgerlichen Trauerspiels in den fünfziger Jahren, hrsg. v. Fritz Brüggemann. 1934. Reprint 1964, Einführung.

Joseph *Pinatel:* Répertoire des drames bourgeois en Allemagne au XVIIIe siècle. Lyon 1938.

Richard *Vospernik* (s. o. S. 33).

Robert R. *Heitner:* German Tragedy in the Age of Enlightenment. A Study in the Development of Original Tragedies, 1724–1768. Berkeley u. Los Angeles 1963, Kap. VI: »The First Middle-Class Tragedies«.

Lothar *Pikulik:* »Bürgerliches Trauerspiel« und Empfindsamkeit. 1966.

Irmgard *Ackermann:* Vergebung und Gnade im klassischen deutschen Drama. 1968, Kap. I.

Peter *Weber:* Das Menschenbild des bürgerlichen Trauerspiels. Entstehung und Funktion von Lessings »Miß Sara Sampson«. 1970, ²1976.

Knud *Willenberg:* Tat und Reflexion. Zur Konstitution des bgl. Helden im dt. Trauerspiel des 18. Jhs. 1975.

Brigitte *Kahl-Pantis:* Bauformen des bürgerlichen Trauerspiels. Ein Beitrag zur Geschichte des dt. Dramas im 18. Jh. 1977.

Andreas *Huyssen:* Das leidende Weib in der dramatischen Literatur von Empfindsamkeit und Sturm und Drang. Eine Studie zur bgl. Emanzipation in Deutschland, in: Monatshefte LXIX, 1977, S. 159–173.

Lessing, bes. »Miß Sara Sampson«: – John Block: Lessing und das bürgerliche Trauerspiel, in: Zs. f. dt. Unterricht XVIII, 1904, S. 225–246, 321–330. – Fritz Brüggemann: Die Entwicklung der Psychologie im bürgerlichen Drama Lessings u. seiner Zeit, in: Euphorion XXVI, 1925, S. 376–388. – Fritz Brüggemann: Lessings Bürgerdramen und der Subjektivismus als Problem. Psychogenetische Untersuchung, in: Jb. d. Freien Dt. Hochstifts, 1926, S. 69–110; vgl. auch Brüggemanns o. S. 40 genannte Arbeit. – Paul P. Kies: The Sources and Basic Model of Lessing's »Miß Sara Sampson«, in: Modern Philology XXIV, 1926, S. 65–90. – Paul P. Kies: Lessing and English Domestic Tragedy, in: Research Studies of the State College of Washington II, 1930, S. 130–147. – Fred O. Nolte: Lessing and the Bourgeois Drama, in: JEGP XXXI, 1932, S. 66–83. – Hans M. Wolff: Mellefont: unsittlich oder unbürgerlich? in: MLN LXI, 1946, S. 372–377. – Heinrich Bornkamm: Die innere Handlung in Lessings »Miss Sara Sampson«, in: Euphorion LI, 1957, S. 385–396. – Dietrich Sommer: Die gesellschaftliche Problematik in Lessings bürgerlichem Trauerspiel »Miß Sara Sampson«, in: Wiss. Zs. d. Univ. Halle, gesellschafts- u. sprachwissenschaftl. Reihe, X, 1961, S. 959–964. – Richard Daunicht: Die Entstehung des bürgerlichen Trauerspiels in Deutschland. 1963. [2]1965, S. 276–299. – Gerhard Fricke: Bemerkungen zu Lessings »Freigeist« und »Miß Sara Sampson«, in: Festschrift Josef Quint, hrsg. v. Hugo Moser u. a. 1964, S. 83–120. – Karl S. Guthke: Der Stand der Lessing-Forschung. Ein Bericht über die Literatur von 1932–1962. 1965, S. 44–46. (Zuerst in: DVjs., 1964). – Lothar Pikulik: »Bürgerliches Trauerspiel« und Empfindsamkeit. 1966, S. 155–169: »Elemente der Alexandrinertragödie in ›Miß Sara Sampson‹«. – Edward Dvoretzky: Death and Tragedy in Lessing's »Miß Sara Sampson«, »Philotas«, and »Emilia Galotti«, in: Rice University Studies LV, 1969, S. 9–32. – Manfred Durzak: Äußere und innere Handlung in »Miß Sara Sampson«. Zur ästhetischen Geschlossenheit von Lessings Trauerspiel, in: M. D.: Poesie und Ratio. Vier Lessing-Studien. 1970. (Zuerst in: DVjs., 1970). – Gerd Hillen: Die Halsstarrigkeit der Tugend. Bemerkungen zu Lessings Trauerspielen, in: Lessing Yearbook II, 1970, bes. S. 119–123. – F. A. Brown: Sara Sampson. The Dilemma of Love, in: Lessing Yearbook II, 1970, S. 135–148. – Karl Eibl (Hrsg.): G. E. L.: »Miß Sara Sampson«, »Kommentar« u. »Darstellung«. 1971. – F. J. Lamport: Lessing and the »bgl. Tr.«, in: The Discontinuous Tradition. Studies in German Literature in Honour of E. L. Stahl, hrsg. v. P. F. Ganz. Oxford 1971, S. 14–28. – Ferdinand van Ingen: Tugend bei Lessing. Bemerkungen zu »Miß Sara Sampson«, in: Amsterdamer Beiträge zur neueren Germanistik I, 1972, S. 43–73. – Gerd Labroisse: Zum Gestaltungsprinzip von Lessings »Miß Sara Sampson«, in: Amsterdamer Beiträge zur neueren Germanistik I, 1972, S. 75–102. – Alison Scott: The Role of Mellefont in Lessing's »Miß Sara Sampson«, in: German Quarterly XLVII, 1974, S. 394–408. – Wolfram Mauser: Lessings »Miß Sara Sampson«. Bürgerliches Trauerspiel als Ausdruck innerbürgerlichen Konflikts, in: Lessing Yearbook VII, 1975, S. 7–27.

Lessing: »Faust«:

Karl S. Guthke: Lessings Faust-Dichtung, in: K. S. G.: Wege zur Literatur. 1967, S. 247–255, bes. S. 251–252.

Lessing: »Tonsine«:

Hans Butzmann: Lessings bürgerliches Trauerspiel »Tonsine«, in: Jb. d. Freien Dt. Hochstifts, 1966, S. 109–118.

Brückner:

Gustav Lampe: Ernst Theodor Johann Brückner (1746–1805) und der Göttinger Dichterbund, in: Mecklenburg-Strelitzer Geschichtsblätter V, 1929, S. 39–105.

Dusch: Gustav Deicke: Johann Jakob Dusch. Diss. Straßburg 1910.

Engel:

Hans Daffis: Johann Jacob Engel als Dramatiker. Diss. München 1898. – Elisabeth Wagner: Johann Jakob Engels Dramatik und Theorie der Schauspielkunst. Diss. (Masch.) München 1954.

Gotter:
Rudolf Schlösser: Friedrich Wilhelm Gotter. Ein Beitrag zur Geschichte der Bühne u. Bühnendichtung im 18. Jh. 1894.
Iffland:
Arthur Stiehler: Das Ifflandische Rührstück, ein Beitrag zur Geschichte der dramatischen Technik. 1898. – Karl Lampe: Studien über Iffland als Dramatiker mit besonderer Berücksichtigung der ersten Dramen. 1899. – Armin Reimers: Die Gefährdung der Familiengemeinschaft durch den Individualismus in August Wilhelm Ifflands Dramen von 1781 bis 1811. Diss. Kiel 1933.
Pfeil:
F. Brüggemann: Dt. Lit. in Entwicklungsreihen (s. o. S. 63), S. 9–14.
Sturz:
Max Koch: Helferich Peter Sturz, nebst einer Abhandlung über die Schleswigischen Literaturbriefe. 1879. – Adalbert Schmidt: Helfrich Peter Sturz. Ein Kapitel aus der Schrifttumsgeschichte zwischen Aufklärung u. Sturm und Drang. Habil.-Schrift Wien. Reichenberg 1939.
Weiße:
J. Minor: Christian Felix Weiße und seine Beziehungen zur deutschen Literatur des 18. Jhs. 1880. – Walter Hüttemann: Christian Felix Weiße und seine Zeit in ihrem Verhältnis zu Shakespeare. Diss. Bonn. Duisburg 1912, S. 86–90.
Willer:
Johann Wilhelm Appell: Werther und seine Zeit. Zur Goethe-Litteratur. [4]1896, S. 71–73.

Zu den meisten übrigen Verfassern von »bgl. Tr.« vgl. die ADB oder NDB bzw. die bei Elisabeth *Friedrichs:* Literarische Lokalgrößen, 1967, verzeichneten regionalen Schriftstellerlexika.

IV. Von »Emilia Galotti« bis »Kabale und Liebe«

1. Standesbewußtsein und Gesellschaftskritik

In den siebziger Jahren tritt das deutsche bgl. Tr. in ein neues Stadium. Die empfindsame Spielart hat zwar noch mehr als zwanzig Jahre später ihre Ausläufer, doch erscheint mit Lessings »Emilia Galotti« (1772) ein anderer Typus des bgl. Tr. auf dem Plan, der sich in mancherlei Variationen bis in die achtziger Jahre, bis zu Schillers »Kabale und Liebe« (1784), als der für diese Zeit charakteristische behauptet und dann ein jähes Ende findet. Wohl bezeugt manches eine gewisse Kontinuität: die Gegenwartsnähe des Stoffes, die realistische (wenn auch gelegentlich bis zum Karikaturistischen verschärfte) Wiedergabe des Alltags, die Konzentration auf Probleme des Familienlebens, schließlich der »Mittelstand« (s. o. S. 9) als bevorzugter sozialer Raum der dramatis personae. Wichtiger als das Gemeinsame ist aber das Unterscheidende. Das empfindsame Moment hat in dem neuen Typus so gut wie ausgespielt; kaum daß es noch andeutungsweise in einigen der zentralen leidenden Frauen- und Mädchengestalten sichtbar bleibt; häufiger wird es ersetzt durch die Leidenschaftlichkeit des subjektivistischen Menschen. Ferner erscheint der Mensch jetzt primär als Vertreter eines genau fixierten, aus der zeitgenössischen gesellschaftlichen Wirklichkeit reflektierten konkreten Standes- und Berufsmilieus, nicht mehr als der moralische bzw. unmoralische Privatmensch in seiner abstrakten Allgemeinheit. Er ist kleinbürgerlicher Handwerker oder großbürgerlicher Kaufmann oder Beamter, Landedelmann oder aristokratischer Offizier. Seiner sozialen Lage entspricht jeweils eine kennzeichnende ständisch bedingte (und oft standesbewußte) Mentalität.

In dieser dramatischen Menschengestaltung ist eine Erkenntnis wirksam geworden, die Herder anläßlich einer »Emilia Galotti«-Aufführung als Einwand gegen Lessings Kritik an Diderots Vorschlag, die »conditions« im bürgerlichen Drama darzustellen, formuliert hat. »Nur das Zufällige« sei der Stand, hatte Lessing im 86. Stück der »Hamburgischen Dramaturgie« gemeint. Dagegen Herder 1794 im 37. Humanitätsbrief: »Aber bilden sich die Charaktere der Menschen nicht in und nach Ständen?« (»Sämmtliche Werke«, hrsg. v. B. Suphan, Bd XVII, S. 183). Tugend und Laster werden demgemäß nun, statt abstrakt, in ihrem gesellschaftlichen Determinationszusammenhang erfaßt. Die gesellschaftliche Lage wird bis zu einem gewissen, variablen Grade Schicksal; doch an die naturalistische Konzeption von der totalen Determination des Menschen durch sein Milieu (und Vererbung) ist hier noch nicht zu denken.

Wenn das bgl. Tr. der Empfindsamkeit »bürgerliche« und nicht-»bürgerliche« Gesinnung kontrastierte, wurde dieser Gegensatz nicht als notwendigerweise im Standesgegensatz begründet aufgefaßt; des moralisierten Gefühlskults waren vielmehr Vertreter aller Stände fähig, »Mensch« (»Bürger«) konnte jeder sein oder doch werden. Ein Konflikt der Stände tritt erst seit »Emilia Galottti« als Thema des bgl. Tr. hervor, was sich im Rückblick des Historikers nicht zu Unrecht und den Wandel motivierend zunächst als enttäuschte Absage an den sozialpolitischen Utopismus der Empfindsamkeit ausnimmt, der die »moralische Überwindung gesellschaftlicher Interessengegensätze« für möglich hielt (Schulte-Sasse). Und zwar handelt es sich nicht nur, wie in »Emilia Galotti«, um den Gegensatz von »Mittelstand« als Schicht der Untertanen und »Hof« im Sinne von Obrigkeit, sondern vor allem um die Spaltung innerhalb des Mittelstands, der nach zeitgenössischem Wortverständnis Bürgertum und Adel außer dem höchsten umschließt: die Spannung also zwischen Bürgertum und Adel wie auch, seltener, zwischen höherem und niederem Bürgertum. Der tragische Konflikt wird folglich in der Regel durch den Gegensatz der sozialen Schichten und ihres Selbstverständnisses ausgelöst oder zumindest in betonter Weise mit ausgelöst. Ständisches, standesbedingtes Verhalten, wie es sich etwa in der Liebe oder Verführung über die Standesgrenzen hinweg oder im Kindesmord-Thema zur Geltung bringt, wird Agens des Tragischen. Das Adjektiv »bürgerlich« in der Gattungsbezeichnung »bgl. Tr.« erhält daher in diesen Jahren unverkennbar einen ständischen, dazu gesellschaftskritischen und aktuellen Sinn, wenn auch der ältere noch sekundär hier und da nachgewirkt haben mag.

Der Stand, den die Gesellschaftskritik ins Auge faßt, ist in erster Linie die Aristokratie. Erst in zweiter Linie ist es das Bürgertum selbst, dem die Verfasser dieser Werke (mit Ausnahme des Grafen Törring) entstammen: die konventionelle Starrheit dieses Bürgertums, seine passive Hinnahme der Mißlichkeiten der ständischen Ordnung und sein damit nicht unvereinbarer, vom Äußerlichen geblendeter, gesellschaftlicher Aufstiegswille. Bei Lenz richtet sich die Kritik sogar mit gleicher Schärfe auf das ganze Spektrum der dargestellten Gesellschaft. Nicht also wird der bisher nicht standesgebundene moralische Gegensatz einfach an einen ständischen gebunden, wie es seit Eloesser und Brüggemann oft vereinfachend heißt (adeliges Laster – bürgerliche Tugend); das moralische Übel kann auch jetzt noch im Bürgertum wie im Adel zu Hause sein – nur daß es jetzt jeweils durch standestypische Verhaltensweisen bedingt ist. Beim späten Lessing, bei den Stürmern und Drängern und noch beim jungen Schiller gerät das bgl. Tr. daher zumindest in die Nähe der aktuellen sozialkritischen Anklage-Dramatik. Der Grad der Nähe variiert und ist, besonders im Falle Lessings und Schillers, umstritten (s. u. S. 72–75 und S. 83–86).

Literatur:

Vgl. o. S. 15–16 zu »Geschichte und Weltbild des bgl. Tr. in Deutschland«.

Joseph *Zorn:* Die Motive der Sturm-und-Drang-Dramatiker. Diss. Bonn 1909, S. 22–31: »Liebe zwischen Angehörigen verschiedener Stände«; S. 55–57: »Standesehre«.

Oscar Helmuth *Werner:* The Unmarried Mother in German Literature, with Special Reference to the Period 1770–1800. New York 1917.

Erich F. E. *Claus:* Die soziale Kritik im deutschen Drama des letzten Viertels des 18. Jhs. Diss. (Masch.) Leipzig 1922. (Referat in: Jb. d. philosoph. Fakultät zu Leipzig für das Jahr 1922, 1. u. 2. Teil, 1. Halbjahrsbd, S. 31–33.)

Clara *Stockmeyer:* Soziale Probleme im Drama des Sturm und Dranges. Eine literarhistorische Studie. 1922. Reprint 1974.

Jakob *Baxa:* Das Gesellschaftsbild des »Sturm und Dranges«, in: Zs. f. Volkswirtschaft u. Sozialpolitik, N. F. III, 1924, S. 743–760.

Johanna *Schultze:* Die Auseinandersetzung zwischen Adel und Bürgertum in den deutschen Zeitschriften der letzten drei Jahrzehnte des 18. Jhs (1773–1806). 1925.

J. M. *Rameckers:* Der Kindesmord in der Literatur der Sturm-und-Drang-Periode. Ein Beitrag zur Kultur- u. Literatur-Geschichte des 18. Jhs. Diss. Amsterdam. Rotterdam 1927.

Siegfried *Melchinger:* Dramaturgie des Sturms und Drangs. 1929.

Ludwig W. *Kahn:* Social Ideals in German Literature, 1770–1830. New York 1938.

Kaare Roald *Bergethon:* Some Aspects of G. E. Lessing's Attitude Toward Society. Diss. (Masch.) Cornell 1945.

Fritz *Valjavec:* Die Entstehung der politischen Strömungen in Deutschland, 1770–1815. 1951.

Ferdinand Josef *Schneider:* Die deutsche Dichtung der Geniezeit. 1952, Kap. IV: »Dramatische Dichtung«.
Roy *Pascal:* Der Sturm und Drang. 1963 (engl. zuerst 1953); bes. Kap. II: »Der Sturm und Drang und der Staat« u. Kap. III: »Der Sturm und Drang und die Stände«.
Heinz *Stolpe:* Versuch einer Analyse der gesellschaftsgeschichtlichen Grundlagen und Hauptmerkmale der Sturm-und-Drang-Bewegung der deutschen Literatur im 18. Jh., in: Wiss. Zs. d. Humboldt-Universität zu Berlin, gesellsch. u. sprachwissenschaftl. Reihe, III, 1953/54, S. 347–389.
Alessandro *Pellegrini:* »Sturm und Drang« und politische Revolution, in: GLL XVIII, 1965, S. 121–129.
Werner *Kließ:* Sturm und Drang. 1966.
Karl S. *Guthke:* J. H Füßli und der Rousseauismus in Deutschland, in: K. S. G.: Wege zur Literatur. 1967, S. 133–146.
Hans-Wolf *Jäger:* Politische Kategorien in Poetik und Rhetorik der zweiten Hälfte des 18. Jhs. 1970.
Edward *McInnes:* The Sturm und Drang and the Development of Social Drama, in: DVjs. XLVI, 1972, S. 61–81.
Beat *Weber:* Die Kindsmörderin im deutschen Schrifttum von 1770–1795. 1974.
Karl S. *Guthke:* Repertoire. Deutsches Theaterleben im Jahre 1776, in: K. S. G.: Literarisches Leben im 18. Jh. in Deutschland und in der Schweiz. 1975, S. 290–296.
Heinz-Dieter *Weber:* Kindesmord als tragische Handlung, in: Der Dtunterricht XXVIII, 1976, H. 2, S. 75–97.
Edward *McInnes:* »Die Regie des Lebens«. Domestic Drama and the Sturm und Drang, in: Orbis Litterarum XXXII, 1977, S. 269–284.
Andreas *Huyssen:* s. o. S. 63.

Nicht nur die Sozialpolitisierung des bgl. Tr. der siebziger und achtziger Jahre haben die Zeitgenossen von Anfang an erfaßt (wenn auch die Rücksicht auf die Zensur und die eigene prekäre Lage im absolutistischen Staat die Rezensenten oft in die bloße Analyse der Charaktere und der Kunstleistung ausweichen ließ). Ebenfalls haben sie den Einsatz dieses Stadiums bei *Lessings* »Emilia Galotti« und den bestimmenden Einfluß dieses Pionierdramas auf das bgl. Tr. des Sturm und Drang klar erkannt. Die Forschung hat jede dieser drei Einsichten bestätigt. Kronzeuge für die drei korrelativen Sachverhalte ist Goethe: »Den entschiedensten Schritt [»die höheren Stände herabzusetzen und sie mehr oder weniger anzutasten«] jedoch tat Lessing in der »Emilia Galotti«, wo die Leidenschaften und ränkevollen Verhältnisse der höheren Regionen schneidend und bitter geschildert sind. Alle diese Dinge sagten dem Zeitsinne vollkommen zu, und Menschen von weniger Geist und Talent glaubten das gleiche, ja noch mehr tun zu dürfen« (»Dichtung und Wahrheit«, 13. Buch,

Hamb. Ausg., Bd IX, S. 569). »Zu seiner Zeit stieg [»Emilia Galotti«], wie die Insel Delos, aus der Gottsched-Gellert-Weißischen pp. Wasserflut, um eine kreißende Göttin barmherzig aufzunehmen. Wir jungen Leute ermutigten uns daran und wurden deshalb Lessing viel schuldig« (Goethe an Zelter, 27. März 1830). Das Echo der Motive, Themen, Figuren, Konstellationen, der Komposition, des Stils und selbst der Wortwahl der »Emilia Galotti« hört man im bgl. Sturm-und-Drang-Drama auffallend häufig, besonders deutlich noch in »Kabale und Liebe«, obwohl aus dem Kreis der Genies relativ wenige direkte Äußerungen über das Stück bekannt geworden sind. »Emilia Galotti« ist »the one German work which perhaps more than any other was to exert the greatest influence on the Sturm und Drang dramatists, whose interest in the relation of the individual to society [...] made them particularly susceptible to Lessing's play« (Dvoretzky, »Enigma«, S. 43). »Kein zweites Drama hat einen so epochemachenden Einfluß auch auf Widerwillige geübt« (Erich Schmidt, »Lessing«, Bd II, 1892, S. 222; vgl. eine Äußerung aus dem Jahre 1777 bei Steinmetz, S. 106).

Literatur:

Julius W. *Braun* (Hrsg.): Lessing im Urtheile seiner Zeitgenossen. Bd I. 1884. Bd II. 1893. Reprint 1969.

Erich *Schmidt:* Lessing. Geschichte seines Lebens und seiner Schriften. Bd II. 1892, S. 221–224.

Clara *Stockmeyer* (s. o. S. 68), S. 180–234.

Siegfried *Melchinger* (s. o. S. 68), S. 8 und 109.

Edward *Dvoretzky:* The Enigma of »Emilia Galotti«. Den Haag 1963, Kap. III und IV.

Edward *Dvoretzky:* Lessing in Schiller's »Kabale und Liebe«, in: Modern Philology LXIII, 1966, S. 311–318.

Horst *Steinmetz* (Hrsg.): Lessing – ein unpoetischer Dichter. Dokumente aus drei Jahrhunderten zur Wirkungsgeschichte Lessings in Deutschland. 1969.

Jan-Dirk *Müller* (Hrsg.): G. E. Lessing: »Emilia Galotti«. (Erläuterungen und Dokumente). 1971, Kap. IV: »Dokumente zur Wirkungsgeschichte«.

In den zu diesem Typus gehörenden Dramen ist »bgl. Tr.« als Untertitelbezeichnung selten. Vielleicht sollte die naheliegende Identifikation mit dem empfindsamen bgl. Tr. vermieden werden, das sich ja noch gleichzeitig behauptete. Überdies waren die Stürmer und Dränger auf gattungstypologische und definitorische Exaktheit ja ebensowenig bedacht wie auf eine systematische Theorie der dramatischen Gattungen. »Kabale und Liebe« wurde zwar auf dem Titelblatt als bgl. Tr. ausgewiesen, aber auch Schiller entwickelte keine spezielle Theorie des bgl. Tr. Lessing nannte »Emilia Galotti«, die er schlicht als »Trauerspiel« herausgegeben hatte, brieflich eine »bürgerliche Virginia« und fügte erklärend hinzu, er habe in seiner Modernisierung des antiken historischen Stoffes alles politische, staatliche Interesse ausgeschaltet (an Nicolai, 21. Jan. 1758; vgl. an Karl Lessing, 1. März 1772). Die Zeitgenossen verstanden »Emilia Galotti« denn auch als bgl. Tr., was Christian Heinrich Schmid 1775 in seiner »Chronologie des deutschen Theaters« kanonisierte (Neudruck, 1902, S. 115). Anton von Klein benutzte das Stück in einer dramentypologischen Abhandlung sogar als Paradigma des bgl. Tr. (»Über Lessings Meinung vom heroischen Trauerspiel und über ›Emilia Galotti‹«, 1781; abgedruckt bei J. W. Braun, Bd II, S. 273–282).

Eine anonyme Fassung von Karl G. *Lessings* Bearbeitung von H. L. *Wagners* »Kindermörderin« (1776), »Der Schlaftrunk oder Mütter! Hütet eure Töchter besser«, erschien 1789 als »bürgerliches Trauerspiel«. Das anonym und ohne Ortsangabe gedruckte »bürgerliche Trauerspiel« »Der Büchsenmacher« (1775) ließ sich keinem der bekannten Sturm-und-Drang-Dramatiker zuweisen, doch paßt diese »Jugendprobe« »eines jungen Menschen in Schwaben« (Vorwort) thematisch bei aller banalen und absurden Vergröberung in die geniezeitliche gesellschaftskritische Konzeption des bgl. Tr. im Gefolge der »Emilia Galotti« (auf die im Vorwort angespielt wird). Der Metzgermeister, dessen Tochter das Opfer des Herzogs und der Machenschaften seines »Amtmanns« wird, beschließt das Stück mit den Worten: »Liebs Kind, bleib gern im niedrigen Stand! da hab mirs mehr einer mit vornehmern zu thun als er selbst ist, geschweige mit dem Landsherrn – mit so einem! o Gott! und der soll es dir verantworten, und muß es büßen mit seinen Helfers Helffern!« [sic]. *Bürger* schrieb am 13. Nov. 1773 an Göckingk, er »brüte« an einer »bürgerlichen Tragödie«, und in seinen seit 1784 gehaltenen Vorlesungen befürwortete er das bgl. Tr. (»Lehrbuch der Ästhetik«, 1825, Bd II, S. 132–135); auch *Gerstenberg* hat, allerdings erst spät, nach seiner Sturm-und-Drang-Zeit, mit der Gattung zumindest sympathisiert (Klaus Gerth, »Studien zu Gerstenbergs Poetik«, 1960, S. 200).

Trotz der spärlichen Verwendung der Untertitelbezeichnung »bgl. Tr.« hat sich ein Konsensus darüber herausgebildet, welche Stücke der siebziger und achtziger Jahre, gleichgültig, als was sie sich auf dem Titelblatt ausweisen, zu dem neuen Typus des bgl. Tr. zu rechnen sind. Bestimmend ist dabei sicher, wenn auch ohne Tendenz zu strikter Ausschließlichkeit, die Leitvorstellung gewesen, die »Emilia Galotti« am Anfang und »Kabale und Liebe« am Ende dieser literarischen Reihe vermittelten. Methodologisch läßt sich die Übereinkunft etwa so bestätigen: hält man im tragischen Drama der Zeit nach dem vom empfindsamen bgl. Tr. vertrauten zeitgenössischen »Mittelstand« Ausschau, so bemerkt man, daß dieser jetzt nicht nur in soziologisch artikulierter, tragisch sich auswirkender Spannung zum Hof dargestellt wird, sondern mehr noch in der internen Spannung zwischen Adel und Bürgertum und höherem und niederem Bürgertum als gesellschaftlichen Schichten und Machtpotenzen, die in dem vorausgegangenen Typus des bgl. Tr. als soziale Gruppen eben nicht in antagonistischem Verhältnis zueinander standen.

2. *Lessing und die Sozialpolitisierung des bürgerlichen Trauerspiels*

Die sozialpolitische Deutung der »Emilia Galotti«, die sich vom Blickpunkt einer Geschichte des bgl. Tr. nahelegt, versteht das Stück als bürgerliche Anklage gegen den fürstlichen Absolutismus und seine Ständegesellschaft oder doch zumindest gegen die damit verbundenen Übelstände. Im Westen ist diese Deutung heute teilweise in Mißkredit geraten. Sie hat aber eine lange Geschichte und scheint schon in überwiegendem Maße die der Zeitgenossen gewesen zu sein.

Zur zeitgenössischen Auffassung vgl. besonders: H. A. Korff, »Geist der Goethezeit«, Bd I, [8]1966, S. 205; E. Schmidt, »Lessing«, Bd II, 1892, S. 217; Ramler 1772, bei Braun, Bd I, S. 368; Nicolai an Lessing, 7. April 1772. Goethe sprach von Lessings in der »Emilia Galotti« zum Ausdruck kommenden »Piquen auf die Fürsten« (zu Eckermann, 7. Feb. 1827).

Lessings eigene Deutung weicht der Frage, ob es sich um eine »Satyre auf die Prinzen« handle (Herder, »Sämmtliche Werke«, hrsg. v. B. Suphan, Bd XVII, S. 183), in allen Äußerungen über sein Stück vorsichtig aus. Er bagatellisiert es in einem Brief an seinen Herzog (!) vom März 1772 als »weiter nichts als die alte Römische Geschichte der Virginia in einer modernen Einkleidung«. Vom Politischen lenkt er auch ab in der erwähnten Bemerkung über die »bürgerliche Virginia«: »Er [Lessing spricht von sich in der dritten Person] hat nehmlich die Geschichte der römischen Virginia von allem dem abgesondert, was sie für den ganzen Staat interessant machte; er hat geglaubt, daß das Schicksal einer Tochter, die von ihrem Vater umgebracht wird, dem ihre Tugend werther ist, als ihr Leben, für sich schon tragisch genug, und fähig genug sey, die ganze Seele zu erschüttern, wenn auch gleich kein Umsturz der ganzen Staatsverfassung darauf folgte« (an Nicolai, 21. Jan. 1758; bestätigt noch am 1. März 1772 an seinen Bruder Karl). Natürlich hat Lessing in gewissem Sinne recht: Die Ermordung der Tochter ist nicht mehr, wie in Livius' Bericht (»Ab urbe condita«, III, 44–48), Signal und Aufruf zum erfolgreichen Volksaufstand gegen den Machtmißbrauch der Regierenden (obwohl J. Müller noch so interpretiert), und auch sonst gehen in seiner »bürgerlichen Virginia« private und öffentlich-politische Tragödie nicht mehr Hand in Hand (worin Lessing vielleicht einem Fingerzeig Diderots gefolgt ist: »Oeuvres«, hrsg. v. Jules Assézat u. Maurice Tourneux, Bd VII, S. 146; Petersen/Olshausen, Bd XI, S. 147). Die Frage ist aber, ob Lessing nicht gerade durch solche Entfernung des offensichtlich Politischen, durch seinen Verzicht auf den ausgesprochenen Protest, indirekt um so stärker die Empörung gegen die herrschenden absolutistischen Verhältnisse seiner Gegenwart suggeriert hat. Hat er nicht durch die bittere Darstellung der praktischen Machtlosigkeit der »sittlichen Kraft« des Bürgertums ein um so wirkungsvolleres Fanal zur bürgerlichen Emanzipation gegeben (Selver, S. 61–64)? (Die versuchte Entschärfung durch die Verlegung der Handlung nach Italien war eine weder originelle noch wirksame Camouflage, wie z. B. die Nicht-Aufführung im Gothaer Hoftheater beweist: »weil die Fürsten in der Emilia übel behandelt wären« [J. J. Engel nach Leisewitz' Tagebuch v. 30. August 1780]). Lange ist diese Frage, die Herder noch mit dem Hinweis auf die schonende, individualisierende, wenn auch ständische Charakterisierung Hettores verneinte, bejaht worden.

Die Voraussetzung für die Deutung im Sinne der politischen bürgerlichen Emanzipation formuliert Brüggemann: »Das entwicklungsgeschichtlich neue Moment liegt [...] darin, daß hier zum erstenmal die individualistische Gewissenlosigkeit auf die höfischen und die soziale Verantwortlichkeit auf die bürgerlichen Kreise projiziert ist. Bisher waren [im bgl. Tr.] Bosheit und Redlichkeit immer ohne Unterschied auf höfische und bürgerliche Kreise verteilt gewesen. [...] der moralische Gegensatz [ist] zum sozialen Gegensatz geworden« (»Euphorion« 1925, S. 385, 387; doch vgl. o. S. 67 f.). Die gesellschaftliche Stellung der Galottis ist als »mittelständisch« im Sinne des 18. Jhs, als großbürgerlich (kleinadlig?) zu erschließen. Bürger ist Odoardo Galotti nicht nur durch seine bürgerliche Tugend, sein Lebensideal und seine republikanische, antihöfische Gesinnung; er erscheint auch durchaus als der Untertan, darin in prononcierter Weise von dem Grafen Appiani unterschieden; Emilias Eheschließung mit Appiani wäre eine Mésalliance, sagt Marinelli, da die Tochter des – zwar begüterten und angesehenen – Obersten »ohne Rang« sei; die »ersten Häuser« würden Appiani als Gatten der Emilia verschlossen sein usw. (I, 6).

Dennoch wird die bezeichnete sozialpolitische Interpretation des Gegensatzes von Hof- und Bürgerwelt erst dann schlüssig, wenn sich die Annahme der geistesgeschichtlichen Lessingforschung von Dilthey bis Korff bestätigt, daß der Bürger Odoardo (der für sie die Zentralfigur wird) rückhaltlos als vorbildlich dargestellt sei, nämlich als exemplarische Verkörperung einer ohne Abstriche als positiv verstandenen Moral. Daß sich in Odoardo die »sittliche Überlegenheit des Bürgertums manifestierte« und daß namentlich in seinem Entschluß, statt den Fürsten die Tochter zu töten, »dem Bürgertum ein leuchtendes Denkmal seiner moralischen Integrität und sittlichen Kraft« errichtet würde (Selver, S. 61; vgl. Korff, Bd I, S. 205), behauptet heute jedoch nur noch die mehr oder weniger marxistisch engagierte soziologische Auslegung der »Emilia Galotti« (z. B. Rieck). Häufiger beweisen neuere Deutungen (Stahl, Bostock, Lamport, Hernadi, Angress, Durzak, Hillen, in nuce schon Kommerell) statt dessen einen schärferen Blick für das moralische Versagen und die charakterliche Schwäche Odoardos: sei es, daß seine ins Absurde und Inhumane übertriebene Moralanschauung mehr in den Vordergrund gerückt wird oder seine im Grunde emotional-labile, kopflose Art, die seine Republikanertugend als Schein und Maske entlarvt. Die Crux aller dieser zwar einleuchtenden Versuche bleibt, daß Odoardos Verhalten an einem psychologischen und moralischen Maß gemessen wird, das im Stück selbst nicht als Ideal und Standard gegeben ist. (Vgl. auch o. S. 54.)

Wo diese neuere Deutungsrichtung akzeptiert wird, kann natürlich nicht mehr die Rede sein von einem bgl. Tr. im Sinne der politisch-aggressiven Wendung gegen die höheren Stände. Wohl möglich wäre es dann aber noch, von bgl. Tr. in einem anderen Sinne zu sprechen, den besonders Heitner, Hinweisen Brüggemanns (»Jb. d. Freien Dt. Hochstifts«, 1926) folgend, herausgestellt hat: das Versagen Odoardos in der Schlußszene sei – wie überhaupt seine moralistische Flucht aus der Öffentlichkeit in die Existenz des »bürgerlichen Privatmanns« (Seeba) – eine politische Fehlhaltung, so daß die Tragödie hinauslaufe auf eine Anklage der als Tugend mißverstandenen bürgerlichen Passivität, die sich nicht aufraffen kann zu befreiender politischer Tat. Damit wäre das Bürgertum selbst Gegenstand der Kritik* wie, mutatis mutandis, wenig später als Nebenmotiv im bgl. Tr. des Sturm und Drang und als Hauptmotiv in Hebbels »Maria Magdalena«. Der wunde Punkt solcher Deutungen ist der gleiche wie der der negativen Wertung Odoardos.

Odoardo verweist in seinen Schlußworten auf den göttlichen Richter als letzte Instanz, der er sich unterwirft. Damit spitzt sich die tragische Demonstration auf die Theodizeefrage zu. Besonders Benno von Wiese hat diese religiöse Dimension des

---

* Steinhauer versucht, die sozialpolitische Deutung auch auf Emilia auszudehnen, zugleich mit aristotelischen Denkformen zu harmonisieren, indem er ebenso rücksichtslos wie einfallsreich die »hamartia« Emilias in ihrer Unfähigkeit sieht, sich in der Begegnung mit dem Prinzen an das Diktat des bürgerlichen Klassenbewußtseins zu halten.

Tragischen der »Emilia Galotti« im Rahmen seiner Gesamtkonzeption der Geschichte der »Deutschen Tragödie von Lessing bis Hebbel« (zuerst 1948) gesehen – zwar im Hinblick auf eine letztgültige Rechtfertigung Gottes, während neuere Deutungen dieser Richtung das Stück eher als Prozeß gegen einen versagenden Gott verstehen (Angress, Steinmetz). Die sozialpolitische Deutung weiß mit der religiösen Fragestellung nichts Rechtes anzufangen. Wird mit der Unterwürfigkeit des Bürgertums zugleich seine quietistische Gottesvorstellung desavouiert (Brüggemann)? Ist Odoardos Berufung auf Gott schließlich nur eine schwächliche »Fluchtbewegung«, mit der kein gültiger Aspekt dieser Tragödie bezeichnet ist, die vielmehr »lediglich eine rhetorische Möglichkeit bleibt« (Durzak)? So richtig es ist, daß »Emilia Galotti« (wie das bgl. Tr. überhaupt) die Verursachung des Tragischen als weltimmanent vorstellt, so fragwürdig ist doch das völlige Absehen von der religiösen Perspektive, die hier dennoch daraus resultiert (worauf mancherlei Andeutungen vor Odoardos Schlußworten bereits vorbereiten). Die Sicht sub specie aeterni entspricht zu sehr Lessings Denkform (vgl. »Hamburgische Dramaturgie«, 79. Stück), als daß die Interpretation dieses bgl. Tr. ohne das Ernstnehmen des religiösen Aspekts vollständig sein könnte. Man begegnete allerdings einem komplexen Stück wie der »Emilia Galottti« unangemessen, ja verfiele prinzipiell in die schematische Denkform der sozialpolitischen Deutung, wollte man hier im Sinne des Entweder-Oder entscheiden (sozialkritisches Propagandastück oder Tragödie der religiösen Desorientierung). Das Tragische ist jedenfalls nicht schon im politischen Mißstand beschlossen; dieser ist eher Chiffre der gebrechlichen Welt, in der die Tragik ihren Ansatz, aber nicht ihre Vollendung findet.

Literatur:

Vgl. die Bibliographie zu Lessing o. S. 63–64.

Robert *Petsch:* Zur Psychologie der »Emilia Galotti«, in: Zs. f. dt. Unterricht XXVI, 1912, S. 529–536.

Fritz *Brüggemann:* Die Entwicklung der Psychologie im bürgerlichen Drama Lessings und seiner Zeit, in: Euphorion XXVI, 1925, S. 376–388.

Fritz *Brüggemann*: Lessings Bürgerdramen und der Subjektivismus als Problem. Psychogenetische Untersuchung, in: Jb. d. Freien Dt. Hochstifts, 1926. Zu »Emilia Galotti« S. 89–109.

Hermann J. *Weigand*: Warum stirbt Emilia Galotti?, in: H. J. W.: Fährten und Funde. 1967, S. 39–50. (Zuerst in: JEGP, 1929.)
Fred O. *Nolte:* Lessing's »Emilia Galotti« in the Light of his »Hamburgische Dramaturgie«, in: Harvard Studies and Notes in Philology and Literature XIX, 1937, S. 175–197. – Deutsch in: Gotthold Ephraim Lessing, hrsg. v. Gerhard u. Sibylle Bauer. (Wege der Forschung. Bd CCXI). 1968, S. 214–244.
Max *Kommerell:* Lessing und Aristoteles. 1940. [4]1970, S. 128–129.
E. L. *Stahl* (Hrsg.): G. E. Lessing: »Emilia Galotti«. Oxford 1946. [2]1952, Einführung. – Vgl. auch Stahl: Lessing: »Emilia Galotti«, in: Das deutsche Drama, hrsg. v. Benno v. Wiese. 1958. [2]1960. Bd I, S. 101–112.
Harry *Steinhauer:* The Guilt of Emilia Galotti, in: JEGP XLVIII, 1949, S. 173–185.
J. Knight *Bostock*: The Death of Emilia Galotti, in: MLR XLVI, 1951, S. 69–71.
Robert R. *Heitner:* »Emilia Galotti«. An Indictment of Bourgeois Passivity, in: JEGP LII, 1953, S. 480–490.
Henry *Hatfield:* Emilia's Guilt Once More, in: MLN LXXI, 1956, S. 287–296.
Heinrich *Schneider:* Emilia Galotti's Tragic Guilt, in: MLN LXXI, 1956, S. 353–355.
Joachim *Müller:* Lessings »Emilia Galotti«, in: J. M.: Wirklichkeit und Klassik. Beiträge zur deutschen Literaturgeschichte von Lessing bis Heine. 1955, S. 53–62.
F. J. *Lamport:* »Eine bürgerliche Virginia«, in: GLL XVII, 1964, S. 304–312.
Karl S. *Guthke*: Der Stand der Lessing-Forschung. Ein Bericht über die Literatur von 1932–1962. 1965, S. 50–53.
Paul *Hernadi:* Die tragische Schuld der Emilia Galotti, in: 275 Jahre Theater in Braunschweig. 1965, S. 100–104.
Werner *Rieck:* »Emilia Galotti« – Versuch einer Analyse, in: Wiss. Zs. d. Pädag. Hochschule Potsdam, gesellsch.- u. sprachwiss. Reihe, XI, 1967, S. 121–128.
R. K. *Angress:* The Generations in »Emilia Galotti«, in: Germanic Review XLIII, 1968, S. 15–23.
Roy C. *Cowen:* On the Dictates of Logic in Lessing's »Emilia Galotti«, in: German Quarterly XLII, 1969, S. 11–20.
Manfred *Durzak:* Das Gesellschaftsbild in Lessings »Emilia Galotti«, in: M. D.: Poesie und Ratio. Vier Lessing-Studien. 1970.
Gerd *Hillen:* Die Halsstarrigkeit der Tugend. Bemerkungen zu Lessings Trauerspielen, in: Lessing Yearbook II, 1970, S. 115–134.
Jan-Dirk *Müller* (Hrsg.): G. E. Lessing: »Emilia Galotti«. (Erläuterungen und Dokumente). 1971.
Ursula *Frieß:* »Verführung ist die wahre Gewalt«. Zur Politisierung eines dramatischen Motivs in Lessings bürgerlichen Trauerspielen, in: Jb. d. Jean-Paul-Ges. VI, 1971, S. 102–130.

Frank G. *Ryder*: »Emilia Galotti«, in: German Quarterly XLV, 1972, S. 329–347.

Horst *Steinmetz:* Aufklärung und Tragödie, in: Amsterdamer Beiträge zur neueren Germanistik I, 1972, bes. S. 26–37.

Klaus-Detlef *Müller:* Das Erbe der Komödie im bgl. Tr. Lessings. »Emilia Galotti« u. die commedia dell'arte, in: DVjs. XLVI, 1972, S. 28–60.

Hinrich C. *Seeba:* Die Liebe zur Sache. Öffentliches und privates Interesse in Lessings Dramen. 1973, Kap. VIII.

Reinhart *Meyer*: »Hamburgische Dramaturgie« und »Emilia Galotti«. 1973.

Jochen *Schulte-Sasse:* Literarische Struktur und historisch-sozialer Kontext. Zum Beispiel Lessings »Emilia Galotti«. 1975.

Klaus R. *Scherpe:* Historische Wahrheit auf Lessings Theater, bes. im Trauerspiel »Emilia Galotti«, in: Lessing in heutiger Sicht, hrsg. v. Edward P. Harris u. a., 1977, S. 259–277.

Hinrich C. *Seeba:* Das Bild der Familie bei Lessing. Zur sozialen Integration im bgl. Tr., in: Lessing in heutiger Sicht, hrsg. v. Edward P. Harris u. a., 1977, S. 307–321.

3. Spielarten des bürgerlichen Trauerspiels im Sturm und Drang

In »Emilia Galotti« sind vom sozialpolitischen Gesichtspunkt eigentlich zwei Problemkreise ineinander verschränkt, ein mehr politischer und ein mehr sozialer: die Obrigkeit im absolutistischen Staat und seine ständische Gesellschaftsordnung. In den Tragödien der Stürmer und Dränger treten beide auseinander oder berühren sich nur wenig; in »Kabale und Liebe« nähern sie sich jedoch wieder einander an.

»Tyrannenhaß« und Kritik an der Trennung der Stände stehen in komplementärem Verhältnis zu dem prominentesten Thema dieser Autoren, zum subjektivistischen Kult der Individualität. Wird dieses Verhältnis verkannt, so gelangt man zu dem schiefen Urteil, die sozialen Gegensätze hätten sich den Genies vor lauter Interesse an der Kraftkerl-Dramatik überhaupt nicht als Problem gestellt und »Wirkungsabsichten, die über die Erregung der Leidenschaften hinausführen«, hätten sie nicht verfolgt (Keller, S. 114). Im Gegenteil wirken in dieser Zeit, wie H.-W. Jäger zitatreich nachgewiesen hat, politische und soziale (antihöfische, anti-despotische) Gesichtspunkte, die die damalige Gesellschaftskritik entwickelt, entscheidend nicht nur auf die Literaturkritik, sondern auch auf die Literatur selbst ein. Wohl erliegt der Sturm und Drang in seiner vulgär-rousseauistischen Reaktion auf die bestehende Gesellschaft nicht selten der Versuchung, im Namen der Emanzipation des einmaligen Individuums gesellschaftliches Dasein schlechthin als Hemmnis der Größe zu verwerfen und den Tatmenschen zu bewundern ohne Rücksicht auf die Richtung und den Inhalt seines Strebens (L. W. Kahn; Pascal, S. 66). Dennoch nimmt die konkrete, keineswegs mehr durch exotisches Milieu camouflierte Kritik an spezifischen politischen und gesellschaftlichen Verhältnissen der Zeit einen breiten Raum im Sturm-und-Drang-Drama ein. Instruktiv ist Clara Stockmeyers detaillierter systematischer Überblick über die wichtigsten sozialpolitischen Themengruppen: Familie als soziales Problem, Ständeprobleme, Kampf gegen die korrupte Staatsgewalt sind die Oberbegriffe, die dann weiter aufgefächert werden. Die Behandlung dieser Themen ist im allgemeinen aggressiv, grell pointierend, tendenziös. Die verschwommene Gegenwärtigkeit des bisherigen bgl. Tr. wandelt sich zu einer oft krassen Aktualität, neben der sich »Emilia Galotti« geradezu artistisch und verhalten ausnimmt. Dem entspricht die Theorie des Dramas, soweit davon im Sturm und Drang die Rede sein kann (Melchinger, S. 28–41).

Der Standesgegensatz als gesellschaftlicher Defekt ist, zusammen mit der korrelierten Kritik am Verhalten und Selbstverständnis des Adels und des Bürgertums, das Hauptthema des bgl. Tr. der Stürmer und Dränger. Probleme der mangelhaft verwalteten absolutistischen Obrigkeit hingegen werden thematisch in Dramen, die man nicht als bgl. Tr. bezeichnen kann und in der Regel auch nicht als solche reklamiert, vornehmlich in F. M. *Klingers* historischen und exotischen, vom Kraftgenialischen her das Heroische streifenden Schauspielen und Tragödien »Otto«, »Die neue Arria«, »Simsone Grisaldo«, »Stilpo und seine Kinder« (vgl. L. W. Kahn, Pascal und Stockmeyer, S. 189–217) sowie in Stücken von J. A. *Leisewitz*, und zwar weniger in dem historischen Kraftgenie-Trauerspiel »Julius von Tarent«, wo das vielzitierte Wort »Der Staat tötet die Freiheit« (II, 5) fällt, als in zwei knappen anti-despotischen Szenen (1775). Der Sprecher der fürstenfeindlichen Gesinnung ist hier kein Bürger, sondern in der einen, »Die Pfandung«, ein von Haus und Hof verjagtes Bauernehepaar, in der anderen, »Der Besuch um Mitternacht«, der Geist Hermanns des Cheruskers. In den konventionell als bgl. Tr. bezeichneten Dramen des Sturm und Drang hat die Thematik des Tyrannenhasses allenfalls marginale oder untergeordnete Bedeutung. Wichtiger wird sie nur in »Kabale und Liebe«.

Ein Sonderfall in jeder Hinsicht ist Joseph August Graf *Törrings* im frühen 15. Jh. spielendes »vaterländisches Trauerspiel« »Agnes Bernauerin« (1780). Das Motiv der heimlichen Eheschließung des bayrischen Thronerben und der Augsburger Bürgerstochter stellt sowohl das Thema der Standesschranken wie auch das der feudal-absolutistischen Obrigkeit, vertreten durch den regierenden Herzog Ernst und seine Berater. In Herzog Albrechts Verurteilung des Denkens in Standeskategorien, das ihm die Heirat mit Agnes Bernauer verwehrt, erklingt zwar die Fanfare des Sturm und Drang; die Sinnstruktur des Dramas ist nichtsdestoweniger angelegt auf die – tragische – Rechtfertigung des feudalen Konservativismus, wenn auch nicht des staatspolitischen Justizmords an Agnes Bernauer. Der Hauptgesichtspunkt ist hier der der Erhaltung des Staatswesens in seiner bestehenden Form (Schneider [s. o. S. 69], S. 175).

Spurenelemente des (empfindsamen wie auch geniezeitlichen) bgl. Tr. (und bürgerlichen Dramas) findet man auch in manchen Sturm-und Drang-Dramen, die nicht als bgl. Tr. anzusprechen sind, selbst in *Goethes* »Götz« (vgl. Schneider, S. 169), *Schillers* »Räubern« und *Klingers* »Zwillingen«. Bedeutsam als Teilaspekt des Tragischen wird ein Zug des bgl. Tr. in *Goethes* in den siebziger Jahren begonnenem »Egmont« (erst 1787 fertiggestellt und im Jahr darauf veröffentlicht): die kritisch akzentuierte Unfähigkeit der Bürger zum politischen Handeln, ihre Unentschlossenheit in der Verteidigung der politischen Freiheit, deutet auf die »Erkenntnis, daß die bürgerlichen Ideale der Redlichkeit, Aufrichtigkeit und Treue zum praktischen Handeln unfähig machen«, und damit auf Kritik an der Haltung des Bürgertums der eigenen Gegenwart (Brüggemann).

Eine interessante Variation des bgl. Tr. bietet »Clavigo« (1774). Oft ist bemerkt worden, daß für *Goethe* das den geniezeitlichen Verfassern von bgl. Tr. auf den Nägeln brennende Standesproblem keine »irgendwie beherrschende Rolle« spielt (Keferstein, S. 90). Die offensichtliche Ausnahme ist »Clavigo«. Hier ist der von den Zeitgenossen primär als äußerlich dargestellte Standeskonflikt ins Seelische transponiert. Die zwei konträren Möglichkeiten der Bindung, zwischen denen Clavigo unentschieden schwankt und denen beiden eine Tendenz seiner labilen Persönlichkeit entgegenkommt, sind mit dem Akzent entgegengesetzter spezifisch *gesellschaftlicher* Sphären (Hof, Bürgerwelt) versehen, die ihrerseits mit ihren verschiedenen geistigen Gehalten und Lebensidealen einwirken auf das impressionable Wesen der Hauptgestalt. Clavigo ist ein Emporkömmling. Von Haus aus »geringen Standes«, ja »ohne Stand« und Vermögen, ein »Bürger« mit »Hang nach Größe«, hat er es am spanischen Hof zum »Archivarius des Königs« gebracht, ist »Höfling« geworden. Die Eheschließung mit Marie Beaumarchais, der unbemittelten Kaufmannstochter, würde ihn an die bürgerliche Privatwelt binden, sein »Glück in einem stillen bürgerlichen Leben, in den ruhigen häuslichen Freuden« finden lassen. Diesem Lebensstil ist er aber inzwischen derart entfremdet, daß er den Schritt nicht wagt. Seine »Aussichten auf ein ruhmvolles Leben« würden ruiniert, die Hofjunker würden ihn nicht mehr für einen »Kavalier« halten können, meint sein Freund Carlos, der Clavigo das höfische Ideal des »großen« Menschen als königliches Hinwegsetzen über die

»Verhältnisse« vor Augen hält, überhaupt Sprecher dieser Seite von Clavigos Persönlichkeit ist. Das Goethe in dieser Zeit faszinierende Problem des veränderlichen Charakters (»Stella«, Weislingen im »Götz«) bekommt in »Clavigo« also eine besondere ständische Nuance, die das Stück zu einem bgl. Tr. sui generis macht. Eigenartig setzt es auch seine kritischen Akzente. Denn indem Clavigos Hoffnung, das private und das öffentliche Lebensideal zu harmonisieren (Ende des zweiten Aktes), schließlich enttäuscht wird, erhebt Goethe Bedenken sowohl gegen den Anspruch auf »Größe« wie auch gegen den empfindsamen Rückzug des Bürgers in die Privatheit moralischen Daseins (Strohschneider-Kohrs).

Häufiger beutet das bgl. Tr. des Sturm und Drang den Konflikt der Vertreter verschiedener Stände aus. Am beliebtesten ist das Motiv der Liebesbeziehung über die Standesgrenzen hinweg, also vornehmlich zwischen Angehörigen des Adels und des Bürgertums, aber auch zwischen Vertretern verschiedener Schichten innerhalb des Bürgertums wie in H. L. *Wagners* tragischem »Schauspiel« »Die Reue nach der Tat« (1775). Agens des Tragischen ist in diesem Stück das gesellschaftliche Vorurteil der bürgerlichen »Justizrätin« Langen, der Witwe eines Mannes, dessen Urgroßvater »sich einmal van der Lang schrieb«, gegen die kleinbürgerliche Herkunft der Geliebten ihres Sohns. Die Machenschaften, die sie anstellt, um die Heirat zu hintertreiben, führen in krasser und grausiger Weise zum Tod der Liebenden. Die Beseitigung der Hindernisse (Sinnesänderung der Justizrätin, veranlaßt durch Kaiserin Maria Theresia höchstpersönlich!) kommt zu spät, wie in der »Kindermörderin«. Wie immer bearbeitet Wagner auch hier gängige Motive in vulgarisierend vergröberndem, kraß realistischem und theatralisch-sensationellem Stil. Wirklichkeitssatte Szenen aus dem Beamten- und dem Kutschermilieu werden akkurat kontrastiert: grotesk karikiert die einen, idyllisch idealisiert die anderen. »Die Tugend ist in jedem Stande liebenswürdig«, heißt es wie ein Echo aus dem bgl. Tr. der fünfziger und sechziger Jahre; die »liebe unverdorbne Natur« wie ein Echo Rousseaus. Der Typ des biederen, polternden kleinbürgerlichen Vaters ist eine Standardfigur des bgl. Tr. der Zeit, wenn auch nicht immer so völlig kritiklos gezeichnet wie hier.

Während in »Die Reue nach der Tat« der Konflikt zwischen Adel und Bürgertum ausgegrenzt bleibt (die Kritik an einem gewissenlosen Briefadligen ist nicht mehr als eine Randepisode im 4. Akt), wählt Wagner in der »Kindermörderin« (1776) das

Thema der Liebe des adligen Garnisonsoffiziers und des kleinbürgerlichen Mädchens. Er verbindet damit das des Kindsmords der unverheirateten Mutter, das ebenfalls in der zeitgenössischen Literatur geradezu grassiert und seinerseits kritisch und anklagend auf ein aktuelles Problem der damaligen Gesellschafts- und Rechtsverhältnisse weist (O. H. Werner, Rameckers, B. Weber, H.-D. Weber; Stockmeyer, S. 154–163). Der Untertitel lautet »Trauerspiel«; die glücklich endende spätere Fassung »Evchen Humbrecht oder Ihr Mütter merkts Euch!« (1779) ist als »Schauspiel« bezeichnet. Die Figuren werden sämtlich mit Talent für Detailbeobachtung und Milieuschilderung als Vertreter ihres Standes eingeführt. Um so merkwürdiger ist eine gewisse Inkonsequenz in der Verfolgung der Gesellschaftskritik, die sich von den gewählten Themen her nahelegt. Denn einerseits wird die Schuld an dem verhängnisvollen Verlauf der Ereignisse standestypischem Verhalten zugeschoben, und zwar dem bedenkenlosen Verführer, Leutnant v. Gröningseck, wie auch dem Bürgerhause: der leichtsinnigen Mutter, der der Stand des Liebhabers ihrer Tochter imponiert, und dem brutalen standesbewußten Vater Humbrecht. Andererseits wird die tragische Katastrophe aber handlungsmäßig nicht durch diese Faktoren herbeigeführt, sondern hauptsächlich durch die *infolge einer Erkrankung* verzögerte Rückkehr des mittlerweile längst reuigen und heiratswilligen Kavaliers – allerdings auch durch eine Briefintrige, mit der ein anderer adliger Offizier, nach dem Ehrenkodex seines Standes handelnd, dem Mädchen vorspiegelt, ihr Verlobter habe sie verlassen. Der Gesellschaftskritik ist durch diese doppelte Begründung des tragischen Ausgangs bis zu einem gewissen Grade der Wind aus den Segeln genommen. Unübersehbar bleibt dabei aber, daß Wagner an Hand der Wandlung in den gesellschaftlichen Vorstellungen Gröningsecks auch in diesem Stück zu verstehen gibt, daß es ideologisch möglich – und wünschenswert – sei, sich über die Klassenschranken hinwegzusetzen.

Darin unterscheidet er sich besonders von J. M. R. *Lenz,* dem zweiten Klassiker des bgl. Tr. unter den Stürmern und Drängern. Denn dieser führt am eindringlichsten die geistig-moralische Determination des Menschen durch seine gesellschaftliche Lage, seinen Stand, vor. Die Obrigkeitsproblematik, die bei Klinger im Vordergrund steht, fällt in Lenz' tragischen bürgerlichen »Komödien« völlig aus. Auch die Idealisierung einer Schicht auf Kosten der anderen (wie noch in Wagners »Die Reue nach der Tat«) unterbleibt hier. Kritisch beleuchtet wird bei Lenz vielmehr *jeder* in seinen bgl. Tr. in Erscheinung tretende gesellschaftliche Kreis, also hauptsächlich der vom gräflichen Adel bis zum Handwerker reichende »Mittelstand« (s. o. S. 9). Seiner Theorie gemäß bietet Lenz jeweils ein kritisches »Gemälde der menschlichen Gesellschaft, und wenn die ernsthaft wird, kann das Gemälde nicht lachend werden« (Selbstrezension des »Neuen Menoza«). Die soziale Situation par excellence, der die Personen seiner Zeitstücke zum Opfer fallen, ist die Trennung der gesellschaftlichen Sphären. Beachtenswert ist dabei jedoch, daß Lenz weder in der Theorie noch in der Praxis eine totale und unausweichliche Determination des Individuums durch seine Klassenlage kennt, sondern an der Charakteranlage als mitbestimmendem Faktor festhält. Infolgedessen sind seine Dramen, so sehr sie das Verhalten als der jeweiligen gesellschaftlichen Situation entsprechend darstellen, weit entfernt von einem ständischen Schwarz-Weiß-Schematismus. Man billigt Lenz allgemein im Gegensatz zu den meisten übrigen Geniedramatikern eine gewisse »Objektivität« zu, die die Stände darstellt, »wie sie sind« (Juli 1775 an Frau von La Roche). Es kommen daher positiv gezeichnete Adlige vor wie der Geheime Rat im »Hofmeister« und auch stark kritisch akzentuierte Bürger wie der von der Aussicht seiner Tochter auf gesellschaftlichen Aufstieg geschmeichelte Galanteriewarenhändler Wesener in den »Soldaten« und der Pastor Läuffer im »Hofmeister«, der seine soziale Unterwürfigkeit religiös verbrämt. Bedeutsam ist von diesem Gesichtspunkt aus auch, daß im »Hofmeister« das übliche Szenarium der Liebesbeziehung über die Standesgrenzen hinweg umgekehrt wird: der Verführer ist ein Bürgerlicher, die Verführte eine Adlige. Dominierend bleibt jedoch auch bei dieser Licht und Schatten gleichmäßig auf alle Stände verteilenden realistischen Objektivität der Eindruck, daß die Schattenseiten des zeitgenössischen gesellschaftlichen Daseins überbetont werden, und um so bitterer wirkt dieser Pessimismus, als ihm auch im ländlichen Idyll kaum ein glaubwürdiges Ideal gegenübergestellt wird. Die Sozialkritik selbst ist überdies vorwiegend negativ statt konstruktiv. Die konkreten Verbesserungsvorschläge, auf die »Der Hofmeister« und »Die Soldaten« hinauslaufen (Abschaffung der Hofmeisterei, Einrichtung einer »Pflanzschule von Soldatenweibern«, Liebe innerhalb der Grenzen des eigenen Standes), erscheinen vor dem Hintergrund des tatsächlichen Geschehens im Licht der dramatischen Ironie, die ihre Unangemessenheit an die menschliche und gesellschaftliche Wirklichkeit profiliert.

Das schließt allerdings keineswegs aus, daß der Verfasser um die Lösung der gestellten sozialen Probleme ernstlich besorgt war (doch vgl. Rittmeyer, S. 81, und Schneider, S. 210; dagegen Lenz an Herder, 20. Nov. 1775, über die ihm wichtige »politische Seite« der »Soldaten«).

Für die Geschichte des deutschen bgl. Tr. kommen von Lenz' Dramen vornehmlich »Der Hofmeister« (1774) und »Die Soldaten« (1776) in Betracht. Im ersten dient ihm die Gestalt des bürgerlichen Privatlehrers in einem adligen Hause als Mittel, die Konflikte von Angehörigen verschiedener Stände ins Licht zu rücken. Im zweiten greift er zu dem beliebten Schema der erotischen Beziehungen zwischen Aristokratie und drittem Stand (adlige Offiziere, Kaufmannstochter). Damit stellt er beidesmal aktuelle Gesellschaftsprobleme zur Diskussion. Sein Scharfblick für das Charakteristische verzerrt die Welt jedoch in der »Komödie« »Der Hofmeister« so sehr zur Karikatur, daß kaum noch von Trauerspiel die Rede sein kann; hinzu kommt die gewaltsame (parodistische?) Herbeiführung eines äußerst fragwürdigen glücklichen Endes. Man könnte allenfalls, wenn es auf genauere Klassifikation ankäme, von »bürgerlicher Tragikomödie« sprechen. »Die Soldaten« wurden ebenfalls als »Komödie« in die Welt geschickt; Handlung und Personen sind aber entschieden konsequenter tragisch akzentuiert, so daß die Bezeichnung Trauerspiel, die Lenz brieflich öfters verwendet, den Sachverhalt eher treffen dürfte. Komische Belichtung fehlt zwar auch in den »Soldaten« nicht ganz, doch haben sich die Schatten des Tragischen vertieft, und die karikaturistischen Streiflichter sind schwächer geworden. Die Komik verliert sich überdies zunehmend, je mehr es dem Ende zugeht, je unaufhaltsamer das verführte, dann von einem adligen Liebhaber zum anderen treibende Mädchen seinem Elend verfällt.

Schillers »Kabale und Liebe« (1784), mit Abstand am Ende der Entwicklung des geniezeitlichen bgl. Tr. entstanden, ist ein Sammelbecken von typischen Motiven der Gattung.

Außer den Spuren von »Emilia Galotti« (Dvoretzky, s. o. S. 70) und schon »Miß Sara Sampson« hat man Nachwirkungen von Wagners beiden bgl. Tr. und von »Clavigo« bemerkt wie auch von bürgerlichen Dramen wie Großmanns »Nicht mehr als sechs Schüsseln«, Gemmingens »Deutschem Hausvater« und Brandes' »Landesvater« (vgl. Nationalausgabe, Bd V, S. 197–199; Herbert Kraft, S. 187–210; Otto Brahm: »Schiller«, Bd I, 1888, S. 295–304; Robert

R. Heitner: A Neglected Model for »Kabale und Liebe«, in: JEGP LVII, 1958, S. 72–85.

Vorbereitet für einen Versuch in der Gattung des »bgl. Tr.«, wie »Kabale und Liebe« auf dem Titelblatt ausdrücklich heißt, war Schiller durch die aktuellen gesellschaftskritischen Nebenmotive in den »Räubern« (1781) und die Beschäftigung mit dem Problem der absolutistischen Obrigkeit im »Fiesko« (1783), das in »Kabale und Liebe« das Thema der Ständetrennung verschärft wie schon in »Emilia Galotti« (s. o. S. 72 ff.). Den Plan zu dem »Versuch, ob er sich auch in die bürgerliche Sphäre herablassen könne« (zu Andreas Streicher; nach dessen »Schillers Flucht«, hrsg. v. P. Raabe, 1968, S. 94), entwarf er im Juni 1782 – der Überlieferung zufolge unter Bedingungen, die das gesellschaftskritische Moment plausibel zu machen angetan sind: im Arrest, zu dem sein Herzog ihn für eine ohne Erlaubnis unternommene Reise nach Mannheim verurteilt hatte. Dennoch – so ein Großteil der intensiven neueren Interpretation – transzendiert »Kabale und Liebe« die Gattung des bisherigen bgl. Tr. in einer Weise, die die problematische Ständetrennung nur noch als stoffliche Veranschaulichung einer Thematik bestehen läßt, die letztlich ins Religiöse verweist. Außerdem lenkt Schiller wie schon in den »Räubern« und im »Fiesko« und dann wieder im »Don Carlos« auch in diesem Trauerspiel vom Problemstück zum tragischen Charakterdrama hinüber: grob gesagt, vom Drama des »Ständekonflikts« zur »Tragödie der unbedingten Liebe« (Koopmann, S. 40).

Dieser zweifache weitere Rahmen ist oft übersehen worden, besonders in der Frühzeit der Schiller-Rezeption, aber noch in der Gegenwart. Überwiegend galt »Kabale und Liebe« lange Zeit als politisches Stück mit sozialrevolutionärer Tendenz, und zwar in zweierlei Hinsicht: einmal als Protest gegen die korrupte und gesetzlos repressive Obrigkeit, als »Dolchstoß in das Herz des Absolutismus« (Korff, S. 206), zum anderen als Verurteilung der Ständegesellschaft und Verteidigung »des Rechts des Menschen auf Liebe gegen die Standesvorurteile der herrschenden Klasse« (Joachim Müller, »Wirklichkeit und Klassik«, S. 121), wodurch Schiller sich zum Wortführer des unterdrückten Bürgertums gegen das korrupte Feudalregime mache (Joachim Müller, »Reden«, S. 217–218). Der marxistischen Deutung liegt diese Interpretation natürlich nahe; sie begegnet aber z. B. auch in Erich Auerbachs »Mimesis« und in G. Frickes Kommentar in der fünfbändigen Hanser-Ausgabe der Werke Schillers (Bd I, S. 966). Die theologische Deutung, die den dramatis personae selbst in den Mund gelegt ist, würde sich in dieser Sicht relativieren, sofern »die jeweilige

Inanspruchnahme des Himmels noch sozial vermittelt« sei (Janz, S. 220).

Doch es gibt Vermittlungen zwischen dem Verständnis von »Kabale und Liebe« als im Grunde theologisch orientierter »Tragödie des endlichen Menschen« (Binder) oder auch als Charakter-»Tragödie der unbedingten Liebe«, wobei das soziale Problem kategorisch als für das heutige Verständnis irrelevant betrachtet wird (Wilkinson und Willoughby), einerseits und der soziologisch ausgerichteten Interpretation des Werks als revolutionäres Anklagestück andererseits. Diese Vermittlungen weisen dem Standeskonflikt, *dem* Thema des bgl. Tr. der siebziger Jahre, einen Stellenwert zu, der seine nur funktionale Bedeutung bezeichnet, darüber hinaus aber auch seinen Sinn und seine Unentbehrlichkeit in der poetischen Gesamtökonomie dieses in der Geschichte des bgl. Tr. einzigartigen Dramas. So begreift Lohmann, einem Fingerzeig Schillers (23. Dez. 1782 an Reinwald) folgend, »Kabale und Liebe« als Modernisierung der »Romeo-and-Juliet«-Thematik des »Scheiterns der Liebe in der Welt« (S. 127) und relativiert den Konflikt der Stände, deren »sittlicher Grundhaltung« die Liebenden verpflichtet sind, zum Erfordernis der Transponierung der Konstellation in Schillers Gegenwart. »Von daher wird deutlich, daß jede Interpretation, die die sozialkritische Tendenz des Werkes – so stark sie ausgeprägt sein mag [!] – zum Angelpunkt der Deutung macht, Wesentliches verfehlen muß« (S. 126). Der Standesgegensatz hat dennoch seine notwendige Funktion darin, daß er den »Riß in der Welt« exemplifiziert, der letztlich zur Theodizeefrage und weiter zu einer »Anklage auch gegen Gott« (S. 129) führt bzw. zur Vindikation des »Erbarmenden« (Kurt May, »Friedrich Schiller«, 1948, S. 44). Differenziert und vertieft hat diese Deutungsrichtung Wilfried Malsch in der wohl umsichtigsten Studie zu »Kabale und Liebe« (bes. S. 205–208). Die Erfahrung der Liebe bedeutet für Ferdinand und Luise das religiöse Erlebnis des Paradieses; das übergreifende theologische Thema der Tragödie ist demgemäß, daß die zeitgenössische Wirklichkeit gemessen und geprüft wird an jener religiösen Utopie, die in der Liebe momentan wirklich geworden war. Solche »Examination der Gegenwart am Maß des Paradieses« enthüllt aber »die Tragik des verlorenen Paradieses«. Veranschaulicht wird dieser gebrechliche Welt- und Gesellschaftszustand konkret und zeitgeschichtlich naheliegend durch die Standesschranken. Sie illustrieren die »Kluft zwischen Paradies und Wirklichkeit«. So sind Charaktertragödie der unbedingten Liebe und Tragödie des Ständekonflikts eng aufeinander bezogen und überdies in eine übergreifende religiöse Fragestellung eingespannt. Die Tragödie zeigt »die ganze Wahrheit der religiösen und sozialen Wirklichkeit«; die Gesellschaftskritik am Adel wie am Kleinbürgertum ist religiös fundiert: »Schließlich gipfelt [...] die religiöse Gesellschaftskritik des Dramas in einem Gericht, das die Verschuldung eines Standes in der allgemeinen des verlorenen Paradieses untergehen läßt.«

Unbestreitbar bleibt, auch wenn an der religiösen Begründung des Tragischen gezweifelt wird, daß sich die tragische Analysis, ähnlich wie in »Emilia Galotti«, spätestens in der Summation des letzten Aktes der Theodizeefrage öffnet. Die zunächst im Ständekonflikt aktualisierte Tragik wird damit in eine übergreifende religiöse Fragestellung übergeführt. In dieser Dimension erweist sich »Kabale und Liebe« nicht zuletzt als »Tragödie der Säkularisation« (Guthke).

Auf die Menschengestaltung (in deren Medium sich für Schiller die »Probleme« wenn nicht erledigen, so doch artikulieren) lenkt eine ebenfalls zwischen den extremen Positionen vermittelnde Beobachtung Martinis zurück: daß nämlich der Stand als *seelisches* Hindernis der Liebe ins Spiel kommt. Das Schicksal der Liebenden »erwächst aus ihrer doppelten Situation: zugleich Menschen zu sein, deren Wesen und Weltverhalten, bewußt und unbewußt, von Gesetz und Art ihrer ständischen Geburt und Gebundenheit bestimmt ist, und Menschen zu sein, deren ekstatisch entgrenztes Gefühl in der Liebe das Göttlich-Unbedingte unmittelbar zu erfahren glaubt. [...] Nicht allein im Gegensatz der Stände, vielmehr in der pessimistischen Erfahrung der psychologischen Gebundenheit des Menschen an seinen Stand liegt das tragische Pathos dieses bürgerlichen Trauerspiels. [...] Damit wird [...] das Gesellschaftlich-Ständische und das Psychologische in den essentiellen Vollzug des Tragischen hineingenommen und derart erst die volle dichterische Wirklichkeit dieser heute wie je erschütternden Tragödie gewonnen« (S. 20).

Literatur:

Vgl. die Bibliographie zum Sturm und Drang o. S. 68 f.

Leisewitz:

G. Kutschera von Aichbergen: Johann Anton Leisewitz. Ein Beitrag zur Geschichte der deutschen Literatur im 18. Jh. 1876. – Richard Maria Werner (Hrsg.): Leisewitz: »Julius von Tarent« und die dramatischen Fragmente. (DLD des 18. u. 19. Jhs. Nr 32). 1889.

Reprint 1968, Einführung. – Werner Keller: Nachwort zur Reclam-Ausgabe von »Julius von Tarent«. 1965.

Törring:

Otto Brahm: Das deutsche Ritterdrama des 18. Jhs. 1880. – Adolf Hauffen: Einleitung zu dem Abdruck der »Agnes Bernauerin«, in: Das Drama der klassischen Periode. 1. Teil. (Kürschners Dt. Nationallitteratur. Bd CXXXVIII). o. J. (1891). Reprint 1974, S. 3–10.

Goethe:

Georg Keferstein: Bürgertum und Bürgerlichkeit bei Goethe. 1939.
Zu »*Clavigo*«: Georg Grempler: Beiträge zu Goethes »Clavigo«. Diss. Halle 1911. – Ernst Feise: Zum Problem von Goethes »Clavigo«, in: E. F.: Xenion. Baltimore 1950, S. 66–76. (Zuerst in: Studies in German Literature in Honor of A. R. Hohlfeld. Madison, Wisconsin, 1925). – H. J. Meessen: »Clavigo« and »Stella« in Goethe's Personal and Dramatic Development, in: Goethe Bicentennial Studies. (Indiana University Publications, Humanities Series. Nr 22). 1950, S. 153–206. – Paul H. Meyer: Goethe lecteur de Beaumarchais: »Clavigo«, in: Actes du IVe Congrès de l'Association Internationale de Littérature Comparée. Den Haag u. Paris 1966. Bd II, S. 1146–1153. – Ingrid Strohschneider-Kohrs: Goethes »Clavigo«, in: Goethe-Jahrbuch XC, 1973, S. 37–56.
Zu »*Egmont*«: Fritz Brüggemann: Goethes »Egmont«, die Tragödie des versagenden Bürgertums, in: Jb. d. Goethe-Ges. XI, 1925, S. 151–172.

Wagner:

Erich Schmidt: Heinrich Leopold Wagner, Goethes Jugendgenosse. ²1879. – O. H. Werner: s. o. S. 68. – J. M. Rameckers: s. o. S. 68. – Jörg-Ulrich Fechner: Bibliographie und Nachwort zur Reclam-Ausgabe der »Kindermörderin«, 1969. Dort auch Auszüge aus K. G. Lessings Bearbeitung und Wagners untragischer Neufassung von 1779. – Beat Weber und H.-D. Weber: s. o. S. 69. – Edward McInnes: Social Insight and Tragic Feeling in Wagner's »Die Kindermörderin«, in: New German Studies IV, 1976, S. 27–38. – Jürgen Haupt: »Die Kindermörderin«. Ein bürgerliches Trauerspiel vom 18. Jh. bis zur Gegenwart, in: Orbis Litterarum XXXII, 1977, S. 285–301. – Johannes Werner: Gesellschaft in literarischer Form. H. L. Wagners »Kindermörderin« als Epochen- und Methodenparadigma. 1977.

Lenz:

M. N. Rosanow: J. M. R. Lenz, der Dichter der Sturm-und-Drang-Periode. Sein Leben u. seine Werke, übers. v. C. v. Gütschow. 1909. Reprint 1972. – Oskar Gluth: Lenz als Dramatiker. Diss. München 1912. – Georg Hausdorff: Die Einheitlichkeit des dramatischen Problems bei J. M. R. Lenz. Diss. Würzburg 1913. – Heinz Kindermann: J. M. R. Lenz und die deutsche Romantik. Ein Kapitel aus der Entwicklungsgeschichte romantischen Wesens u.

Schaffens. 1925. – Fritz Rittmeyer: Das Problem des Tragischen bei J. M. R. Lenz. Diss. Zürich 1927. – Maria Sinnreich: Das gesellschaftskritische Element im Schaffen von J. M. R. Lenz. Diss. (Masch.) Wien 1936. – Gabriele Skersil: Adel und Bürgertum bei Lessing und Lenz. Diss. (Masch.) Wien 1944. – Joseph Torggler: Sozialbewußtsein und Gesellschaftskritik bei Jakob Michael Reinhold Lenz. Diss. (Masch.) Innsbruck 1957. – René Girard: Lenz, 1751–1792. Genèse d'une dramaturgie du tragi-comique. Paris 1968. – John Osborne: J. M. R. Lenz. The Renunciation of Heroism. 1975.

Zum »Hofmeister«: Wolfgang Stammler: »Der Hofmeister« von J. M. R. Lenz. Ein Beitrag zur Literaturgeschichte des 18. Jhs. Diss. Halle 1908. – Willy Meyer: Lenz' »Hofmeister«. Diss. Erlangen 1933. – Gerhart Unger: Lenz' »Hofmeister«. Diss. (Masch.) Göttingen 1949. – Karl S. Guthke: Geschichte und Poetik der deutschen Tragikomödie. 1961, S. 59–65. – Richard Daunicht (Hrsg.): Lenz: »Gesammelte Werke in vier Bänden«. Bd I. 1967, Kommentar. – M. A. L. Brown: Lenz's »Hofmeister« and the Drama of Storm and Stress, in: Periods in German Literature, hrsg. v. J. M. Ritchie. Bd II. London 1969, S. 67–84.

Zu den »Soldaten«: Walter Höllerer: J. M. R. Lenz: »Die Soldaten«, in: Das deutsche Drama, hrsg. v. Benno von Wiese. 1958. ²1960. Bd I, S. 127–146. – Karl S. Guthke: Geschichte und Poetik der deutschen Tragikomödie. 1961, S. 65–69. – Manfred Windfuhr: Nachwort zur Reclam-Ausgabe. 1967.

Schiller:

Joachim Müller: Bürgerfreiheit, Nationalbewußtsein und Menschenwürde im Werk Friedrich Schillers, in: Schiller. Reden im Gedenkjahr 1955. 1955, S. 214–236.

Zu »Kabale und Liebe«: H. A. Korff: Geist der Goethezeit. Bd I. ⁸1966, S. 205–207 (zuerst 1923). – Ausgabe von E. M. Wilkinson u. L. A. Willoughby. Oxford 1944. ²1964, Einführung. – Erich Auerbach: Mimesis. 1946. ²1959, Kap. XVII. – Fritz Martini: Schillers »Kabale und Liebe«. Bemerkungen zur Interpretation des »Bürgerlichen Trauerspiels«, in: Der Deutschunterricht, 1952, Heft 5, S. 18–39. – Walter Müller-Seidel: Das stumme Drama der Luise Millerin, in: Goethe XVII, 1955, S. 91–103. – Joachim Müller: Schillers »Kabale und Liebe« als Höhepunkt seines Jugendwerkes, in: J. M.: Wirklichkeit und Klassik. 1955, S. 116–148. – Heinz Otto Burger (Hrsg.): »Schillers Werke«. Nationalausgabe. Bd V. 1957, Einführung, auch in: H. O. B.: Dasein heißt eine Rolle spielen. 1963, S. 194–210. – Wolfgang Binder: Schiller: »Kabale und Liebe«, in: Das deutsche Drama, hrsg. v. Benno von Wiese, 1958. ²1960. Bd I, S. 248–268. – Benno von Wiese: Friedrich Schiller. 1959, ³1963, Kap. X. – Herbert Kraft (Hrsg.): Schillers »Kabale und Liebe«. Das Mannheimer Soufflierbuch. 1963. (S. 224: »In der Bühnenfassung ist die Bindung an den

Vater und die bürgerliche Welt für Louise bestimmender geworden«.) – Knut Lohmann: Schiller: »Kabale und Liebe«, in: Germanistik in Forschung und Lehre. 1965, S. 124–129 (mit Diskussionsbeiträgen). – Wilfried Malsch: Der betrogene Deus iratus in Schillers Drama »Louise Millerin«, in: Collegium Philosophicum. Studien Joachim Ritter zum 60. Geburtstag. 1965, S. 157–208. – Helmut Koopmann: Friedrich Schiller. Bd I. (Slg Metzler. 50). 1966, S. 36–45. – Robert R. Heitner: Luise Millerin and the Shock Motif in Schiller's Early Dramas, in: Germanic Review XLI, 1966, S. 27–44. – Rolf-Peter Janz: Schillers »Kabale und Liebe« als Bürgerliches Trauerspiel, in: Jb. d. Dt. Schiller-Ges. XX, 1976, S. 208–228. – Karl S. Guthke: »Kabale und Liebe«, in: Schillers Dramen. Neue Interpretationen, hrsg. v. Walter Hinderer. 1979, S. 58–86 (^{2}1983).

V. Verfall, Wandlung, Nachspiele

1. Schwundformen in der Goethezeit

»Kabale und Liebe« wurde vielfach nachgeahmt, aber tragisch hat keiner der Bearbeiter den Stoff gefaßt (Hauffen, S. XXI). Das ist symptomatisch für die Entwicklung des bürgerliches Genres am Ausgang des Jahrhunderts. Wenn sich schon in den fünfziger Jahren bgl. Tr. und ernsthaftes Lustspiel einander annäherten und dadurch der intermediären Gattung des rührenden Familienschauspiels zumindest den Weg bahnten, so ist der Zug zu solchen bürgerlichen Sittengemälden in den beiden letzten Jahrzehnten des 18. Jhs dominant geworden. Das Tragische des bgl. Tr., von Anfang an in Gefahr, moralisiert und sentimentalisiert zu werden*, schwächt sich nun merklich ab. Besonders augenfällig wird das im Vermeiden des unglücklichen Endes; aber in der Regel ist schon das ganze Drama im Ton auf einen solchen Schluß angelegt (Schaer, S. 7–13, 21–26; Nolte, S. 202–209; vgl. o. S. 55 zu Duschs und Buris bgl. Tr.). Das Resultat ist das bürgerliche Familiengemälde, wie diese Dramen gern heißen. (Auch ein »fürstliches Original-Familien-Gemälde« kommt vor: Johann Carl Wilhelm Palms »Fürstenglück«, 1796, worin dem Vorwort zufolge »das häusliche Glück eines durch Liebe beglückten Fürstenpaars« geschildert wird.) Die gesellschaftskritische Schärfe des bgl. Tr. des Sturm und Drang schleift sich ab. Statt dessen stellt das Familienschauspiel die Welt des Mittelstands nicht ohne Selbstgefälligkeit dar. Ihr Wert soll sichtbar werden, den dann Hebbel als falschen Schein entlarven wird. Die Sozialgesinnung ist konservativ; der Ständestaat wird nicht angetastet; man fühlt sich an seinen gesellschaftlichen Ort gebunden; Obrigkeitstreue ist selbstverständlich; tugendhaft-gesinnungstüchtig, manchmal deutschtümelnd, lebt man saturiert und pflichtbewußt in seinem Kreis, in einer bis zum Trivialen realistisch ausgemalten geschlossenen Welt; die Rührungsfreudigkeit hält der Lehrhaftigkeit die Waage. *Gemmingen, Iffland, Schröder* und (oft mit

---

* Daraus ist jedoch nicht generell zu schließen, daß »Familiendrama« eine sachlich angemessenere Bezeichnung sei als »bgl. Tr.«, wie z. B. Pikulik (S. 18) meint.

dem Akzent des Exotischen) *Kotzebue* sind die Hauptautoren dieser Dramengattung der Spätaufklärung. Da sie sämtlich versierte Handwerker des zugkräftigen Stückeschreibens sind, erreicht das bürgerliche Drama, das nun nur noch ausnahmsweise bürgerliches Trauerspiel ist, mit ihnen seine größten Publikumserfolge, selbst im Mannheimer Nationaltheater und im Weimar Goethes und Schillers. Schillers Xenion »Shakespeares Schatten« (1797) und Goethes »Prolog zur Eröffnung des Berliner Theaters am 26. Mai 1821« haben es nicht zu Unrecht getroffen – wenn man es als literarische Leistung statt als gekonnte Unterhaltungsdramatik ernstnimmt.

Die Klassiker selbst unternehmen nicht den Versuch, das bürgerliche Drama auf eine ihren ästhetischen Anschauungen entsprechende literarische Höhe zu heben. Werke wie Goethes »Natürliche Tochter« und Schillers »Tell« wird man nicht für die Gattung reklamieren können, es sei denn, man definiere die Gattung in verschwommenster und unhistorischer Weise. Die Romantiker, besonders Tieck (Vorrede zu Schröders »Dramatischen Werken«, 1831, S. XXVI) und A. W. Schlegel (24., 34. und 37. Wiener Vorlesung), lehnen das bürgerliche Genre einschließlich des bgl. Tr. ebenfalls ab als unpoetisch und zu lebenspraktisch-nützlich (vgl. Mortier [s. o. S. 35], S. 105–116).

Wiederbelebt wird das bgl. Tr. erst um die Wende zu den vierziger Jahren des 19. Jhs von den Jungdeutschen. Aus den vorausgehenden vier Jahrzehnten des Jahrhunderts ist allenfalls an drei Stücke zu erinnern, von denen zwei nur als Annäherungen an die Gattung verstanden werden können. Alle drei gehören in den Umkreis der Romantik und Spätromantik. Ludwig *Roberts* (in zwei beigegebenen gattungstheoretischen »Briefen« als bgl. Tr. deklariertes) Stück »Die Macht der Verhältnisse« (1819) weist entfernt zurück auf den Sturm-und-Drang-Typus der Gattung und voraus auf den jungdeutschen. Denn auch hier wird die Tragödie heraufbeschworen durch den Konflikt der Stände (Offiziersadel, Bürgertum) und ihrer Ehrbegriffe, genauer durch die Macht »vernunftwidriger« »sanktionirter Vorurtheile, die [...] zu festen gesellschaftlichen Formen sich gesteigert haben«, eben durch die »Verhältnisse« (S. 137). Und zwar zeigt sich deren Macht, die nichts geringeres als das Fatum der klassischen Tragödie ersetzen soll, am Exempel von »Normalbegebenheiten«, die »aus dem Geiste der Zeit« hervorgehen (S. 141). Deutet das auf einen ernstzunehmenden Versuch zur Erneuerung des bgl. Tr., so weicht Robert am Schluß seines Dramas doch der Konsequenz der Gattung aus, indem er mit der adligen Abstammung des ehrpusseligen Exponenten des Bürgertums überrascht und das bgl. Tr. ins sentimentale Familiendrama umbiegt – mit dem entscheidenden und ihm wichtigen Unterschied allerdings, daß er bei der eingeschlagenen tragischen Richtung beharrt. – Als Versuch im Genre des bgl. Tr. ist das 1830/31 entstandene, 1835 veröffentlichte »Trauerspiel« »Schwert und Hand«

von Michael *Beer*, dem Bruder des Opernkomponisten Meyerbeer, gedacht – so sein Freund und Herausgeber Eduard von Schenk (S. XXIII) und manche spätere Beurteiler (z. B. Arnold [s. u. S. 97], S. 609). In Wirklichkeit ist es eine Liebestragödie, in der das Moment der soldatischen Bewährung des bürgerlichen Offiziers vor der adligen Familie seiner Geliebten nur eine ganz untergeordnete Rolle spielt. – Karl *von Holteis* »Bürgerliches Drama« »Ein Trauerspiel in Berlin« (1838 gedruckt, 1832 uraufgeführt) ist eine theatralische Kolportage, allenfalls dadurch interessant, daß »bürgerlich« hier so viel wie städtisch, großstädtisch im pointierten Gegensatz zur harmlosen Idyllik des Landes bedeuten dürfte. Die Entfremdung von den patriarchalisch-einfachen Lebensformen des Grundbesitzertums soll für den moralischen Verfall einer Familie verantwortlich sein, der tatsächlich durch romanhaft arrangierte Verwicklungen und trivialliterarische Charaktergebung herbeigeführt wird.

Literatur:

Vgl. o. S. 14 f., besonders:
Selver, S. 98–126: »Der saturierte Bürger. Familiengemälde«.
Pikulik, S. 168–169: »Vom ›bürgerlichen Trauerspiel‹ zum ›Schauspiel‹«.

Ferner:

Adolf *Hauffen* (s. o. S. 87), S. XVII–XXXIV.
Albert *Ludwig:* Ritterdrama und Familiengemälde, in: Das deutsche Drama, hrsg. v. Robert F. Arnold. 1925, S. 405–436.
Peter *Hacks:* Das Theaterstück des Biedermeier (1815–1840). Diss. (Masch.) München 1951.
Horst Albert *Glaser:* Das bürgerliche Rührstück. Analekten zum Zusammenhang von Sentimentalität mit Autorität in der trivialen Dramatik Schröders, Ifflands, Kotzebues und anderer Autoren am Ende des 18. Jhs. 1969. (Rez. v. Richard Alewyn in: Germanistik XI, 1970, S. 748–749.)
Karl S. *Guthke:* Deutsches Nationaltheater. Gemmingens »Mannheimer Dramaturgie«, in: K. S. G.: Literarisches Leben im 18. Jh. in Deutschland und in der Schweiz. 1975, S. 266–281.
Krystyna *Stefańczyk:* Das bürgerliche Trivialdrama im 18. Jh., in: Germanica Wratislavensia, Nr. 27 (= Acta Universitatis Wratislavsensis, Nr. 323). 1976, S. 91–108.

Iffland:
Eloesser (s. o. S. 15), Kap. VII. – Ulmann (s. o. S. 15), Kap. VI. – Karl Heinz Klingenberg: Iffland und Kotzebue als Dramatiker. 1962.

Kotzebue:
Eloesser (s. o. S. 15), Kap. VII. – Schaer (s. o. S. 16), S. 105–116. – Klingenberg (vgl. o. zu Iffland). – Robert L. Kahn: Kotzebue.

His Social and Political Attitudes. The Dilemma of a Popular Dramatist in Times of Social Change. Diss. (Masch.) Toronto 1950. – Henriette Mathes-Thierfelder: August von Kotzebue und das Bürgertum um 1800 im Spiegel seiner dramatischen Werke. Diss. (Masch.) München 1953.

Schröder:

Eloesser (s. o. S. 15), Kap. III. – Ulmann (s. o. S. 15), Kap. V. – Berthold Litzmann: Friedrich Ludwig Schröder. Bd I. 1890. Bd II. 1894.

Ludwig Robert:

Wilhelm Haape: Ludwig und Friederike Robert. 1896. – Lothar Kahn: Ludwig Robert: Rahel's Brother, in: Leo Baeck Institute Yearbook XVIII, 1973, S. 185–199.

Michael Beer:

Eduard von Schenk (Hrsg.): »Sämmtliche Werke von Michael Beer«. 1835, Einleitung. – Goedeke. ^{2}VIII. 1905, S. 564–571. – Lothar Kahn: Michael Beer (1800–1833), in: Leo Baeck Institute Year Book XII, 1967, S. 149–160.

Karl von Holtei:

Alfred Moschner: Holtei als Dramatiker. 1911. – Max Back: Holteis Stellung zu den politischen Strömungen seiner Zeit. Diss. Münster 1914.

2. *Das bürgerliche Tendenzdrama des Jungen Deutschland*

Die nachdrücklich sozial und speziell bürgerlich orientierte Neubestimmung von Wesen und Funktion der Dichtung in den programmatischen Verlautbarungen des Jungen Deutschland erweckt die Erwartung, daß diese, von 1830 datierende Bewegung eine Affinität zum bgl. Tr. besitze. Bereits für die Zeitgenossen besteht ihre, und zwar namentlich *Gutzkows*, epochale Bedeutung in der Erneuerung des deutschen Dramas in Gestalt des aktuellen sozialkritischen Bühnenstücks, das den – in der Regel bürgerlichen – »Menschen im Kampf mit der Gesellschaft« zeigt (Hebbel, »Mein Wort über das Drama!«; Dithmar, S. 25–27, 67). Zugleich aber wirkt der überwiegende sozialpolitische Optimismus der Jungdeutschen der *tragischen* Behandlung zeitgenössischer Gesellschaftsprobleme entgegen. Daher entstehen relativ wenige als tragisch zu bezeichnende bürgerliche Dramen; eine größere Zahl gehört dem Schauspieltypus oder der Gattung des satirischen Zeitstücks an, ganz zu schweigen von den Dramatisierungen historischer Stoffe im Sinne der jungdeutschen Ideologie. Für eine Geschichte des bgl. Tr. kommt als einziger jungdeutscher Autor Karl Gutzkow in Betracht, der den Weg zum Bühnenstück überdies erst spät, 1839, gefunden hat. Er hat ihn aber, mit Unterbrechungen, bis in die fünfziger Jahre weiterverfolgt. Seine gesellschaftskritische bürgerliche Dramatik fällt also in zwei Jahrzehnte, die in der üblichen literarhistorischen Epocheneinteilung nicht mehr zum Jungen Deutschland gerechnet werden. Doch ist Gutzkow auch in dieser Zeit seinem jungdeutschen Ideengut treu geblieben, obwohl es bereits in den vierziger Jahren von den Literaten des »Vormärz« als nicht radikal genug unter Beschuß genommen wurde.

Mit den Stürmern und Drängern, als deren Nachfahren schon die Jungdeutschen selbst sich gelegentlich verstanden, verbindet Gutzkow die Behandlung gegenwärtiger Gesellschaftsprobleme im tragischen und ernsten Drama. Dessen Gegenstand sind besonders die überlebten Konventionen, wozu in erster Linie wieder – oder noch – die Ständetrennung gehört (auch in Dramen*entwürfen* der vierziger Jahre, vgl. Houben, 1898, S. 8, 13). Was Gutzkow von den meisten Stürmern und Drängern unterscheidet, ist jedoch, statt der geniezeitlichen Resignation und Skepsis auch und gerade gegenüber dem Bürgertum, die fortschrittsgläubige Tendenz seiner bürgerlichen Ideologie. Nicht nur um die Widerspiegelung der tatsächlichen Verhältnisse kann es sich daher für ihn handeln, sondern zugleich um die zielstrebige sozialpolitische Opposition gegen sie und ihre Denkformen vom Standpunkt einer bürgerlichen Reformgesinnung. Das Drama wird Waffe im Kampf um die Emanzipation des Bürgertums. Nicht darüber hinwegtäuschen kann die häufige schon aus dem Sturm und Drang vertraute vulgärrousseauistische Formulierung der Gegensätze im Sinne von verderbter Zivilisationsgesellschaft und unverbildeter reiner Natürlichkeit, zu der es zurückzukehren heiße. (So auch besonders eindringlich Ernst *Willkomms* Aufsatz »Das moderne Gesellschaftsleben und die sociale Tragödie« in den »Jahrbüchern für Drama, Dramaturgie und Theater«, Bd II, 1839, S. 105–109.) Denn die vor dem Forum der »Natürlichkeit« des Gefühls geltenden Wertungen hat sich bei Gutzkow eindeutig das liberale Bürgertum zu eigen gemacht.

Gutzkows Gegenwartsdramen – keins trägt den Untertitel »bürgerliches Trauerspiel« – behandeln »mit einer gewissen Vollständigkeit die Fragen der gesellschaftlichen Emanzipation« (Eloesser [s. o. S. 15], S. 209). Sie leben aus den »gewichtigen Ideen«, die Hebbel Gutzkow zugestand, »aber das poetische Talent ist ihnen nicht gewachsen« (Hebbels Tagebuch, 31. Dez. 1839). Sie neigen zum Zerreden, zur sentimentalen Überdeutlichkeit, zum theatralischen Effekt. Zeigt das eine gewisse Bereitschaft, sich vom Publikumsgeschmack bestimmen zu lassen, so erst recht die Änderungen, die Gutzkow, die Folgerungen aus der Resonanz der Aufführungen ziehend, unermüdlich vornahm. Sie betreffen namentlich den Dramenausgang, dem Gutzkow eine versöhnliche Note zu geben liebt. »Wie nachgiebig macht – das Glück!« (»Werner«, Vorrede). Diese Flexibilität hat auch dazu geführt, daß die Textgeschichte seiner Dramen bis heute schwer zu übersehen ist, was wiederum interpretatorische Details zu relativieren angetan ist.

Die gesellschaftlichen Konventionen der Zeit stellen in allen bürgerlichen Problemstücken Gutzkows das »Problem«. Immer aber ist die Gestaltung und Erörterung des gesellschaftlichen Problems aufs engste verbunden mit der Darstellung eines allgemeineren Themas menschlichen Miteinanderlebens, das an sich mit bestimmten gesellschaftlichen Verhältnissen und Institutionen wenig zu tun hat. So geht es in »Richard Savage« (1839 uraufgeführt), »Werner« (1840 uraufgeführt) und »Ottfried« (1849 uraufgeführt) zwar einerseits um den gesellschaftlichen Aufstiegswillen eines Bürgerlichen, der in der einen oder anderen Weise nach der Aufnahme in den höheren Stand strebt, sowie um die Hartnäckigkeit des Vorurteils der Aristokratie, die die bestehende »unnatürliche« Konvention, die Ständetrennung, als Schutz ihrer Privilegien gutheißt. Verquickt mit diesem aktuellen Gesellschaftsproblem ist jedoch im ersten Stück das Thema des Verhältnisses des illegitimen Sohns zu seiner Mutter, in den beiden anderen das des Mannes zwischen zwei Frauen. Entsprechend ist auch die Lösung der tragischen Spannung am Schluß des Dramas von zwei Gesichtspunkten aus zu sehen. Vom Blickpunkt des gesellschaftlichen Konflikts triumphiert in allen dreien letztlich die bürgerliche standesbewußte Gesinnung und damit die jungdeutsche »Tendenz«: direkt in »Werner« und »Ottfried« im Bekenntnis des bürgerlichen Helden zu seiner Herkunft und in seiner Ablehnung der in gesellschaftlicher Verblendung erstrebten »höheren« Lebensform; indirekt in »Richard Savage«, indem die standesstolze aristokratische Mutter ihr Vorurteil aufgibt und ihren unehelichen Sohn anerkennt, freilich zu spät: das ideologisch versöhnliche Ende wird hier mit tragischer Ironie artikuliert, während die beiden anderen tragisch angelegten Stücke eher schauspielmäßig ausklingen.

Drei weitere Stücke behandeln ebenfalls gesellschaftliche Probleme, die sich aus der Herrschaft der Konvention ergeben, doch spielt hier der Standeskonflikt keine Rolle; es bleibt aber die Unter- oder Überlagerung des gesellschaftlichen Problems durch ein psychologisches Thema. Lehnte sich schon in den genannten Stücken die Stimme der Natur gegen die Konvention auf, so in diesen noch viel deutlicher. »Ein weißes Blatt« (1842 uraufgeführt) gestaltet den Konflikt von natürlichem Empfinden und Bindung durch die konventionelle Institution der Verlobung, zugleich wieder das Thema des Mannes zwischen zwei Frauen. »Ella Rose« (1856 uraufgeführt) behandelt die Emanzipation der Frau aus der ihr von der Gesellschaft konventionell zudiktierten Rolle zur Erfüllung im künstlerischen (schauspielerischen) Beruf, zugleich das Motiv der Eifersucht in der Liebe. Während aber diese beiden tragischen Gegenwartsdramen jedenfalls äußerlich versöhnt enden mit dem Sieg des für die liberale Gesinnung Rechten, so läßt das »Volkstrauerspiel« »Liesli« (1849 uraufgeführt) die tragische Dissonanz in aller Kraßheit bestehen: das Eherecht ist zur Debatte gestellt, und damit speziell wieder (wie in »Ella Rose«, doch hier in dörflich-kleinbürgerlichem Milieu) die Frage nach dem Recht der Frau auf Selbstbestimmung. Wenn der Konflikt der strikten Eheauffassung mit dem Bestehen der Frau auf ihrem Eigenrecht hier Mann und Frau zugrunde gehen läßt, so ist diese Entwicklung jedoch ebenfalls wieder eng verbunden mit dem Charaktergegensatz, der in psychologischer Durchleuchtung plausibel gemacht wird.

Literatur:

Dramaturgie und Literaturkritik

Allgemeines:

Otto Kohlermann: Der Dramenbegriff des jungen Deutschland. Diss. (Masch.) München 1921. – Werner Storch: Die ästhetischen Theorien des jungdeutschen Sturms und Drangs. Diss. Bonn 1924. – Helmut Förster: Studien zum jungdeutschen Begriff vom Drama. Diss. Breslau 1930. – Hugo von Kleinmayr: Welt- und Kunstanschauung des Jungen Deutschland. Studien zur Geistesgeschichte des 19. Jhs. 1930. – Günther Bliemel: Die Auffassung des Jungen Deutschlands von Wesen und Aufgabe des Dichters und der Dichtung. Diss. (Masch.) Berlin (F. U.) 1955. – Margret Dietrich: Europäische Dramaturgie im 19. Jh. 1961, Kap. XI: »Jungdeutsches Zwischenspiel: Bekenntnis zum Leben«. – Otto-Reinhard Dithmar: Deutsche Dramaturgie zwischen Hegel und Hettner und die Wende von 1840. Diss. Heidelberg 1966. – Horst Denkler: Revolutionäre Dramaturgie und revolutionäres Drama in Vormärz und Märzrevolution, in: Gestaltungsgeschichte und Gesellschaftsgeschichte, hrsg. v. Helmut Kreuzer. 1969, S. 306–337. – ders.:

Politische Dramaturgie. Zur Theorie des Dramas und des Theaters zwischen den Revolutionen von 1830 und 1848, in: Deutsche Dramentheorien; hrsg. v. Reinhold Grimm. 1971. Bd II, S. 345–373.

Wienbarg:

Victor Schweizer: Ludolf Wienbarg als jungdeutscher Ästhetiker und Kunstkritiker. Diss. Leipzig 1896. – Walter Dietze (Hrsg.): Wienbarg: »Ästhetische Feldzüge«. 1964, Einführung.

Willkomm:

Fritz Hinnah: Ernst Willkomm. Ein Beitrag zur Geschichte des ›Jungen Deutschland‹. Diss. Münster 1915.

Börne:

Wolfgang Schimming: Ludwig Börnes Theaterkritik. 1932.

Laube:

Alexander von Weilen (Hrsg.): Laube: »Theaterkritiken und dramaturgische Aufsätze«. 2 Bde. 1906, Einführung. – Wolfgang Förster: Laubes dramatische Theorie im Vergleich zu seiner dramatischen Leistung. Diss. Breslau 1932. – Erich Ziemann: Heinrich Laube als Theaterkritiker. 1934. – Eva Stahl-Wisten (Hrsg.): Laube: »Schriften über Theater«. 1959, Einführung.

Gutzkow:

Harry Iben: Gutzkow als literarischer Kritiker. Die jungdeutsche Periode. Diss. Greifswald 1928. – Klemens Freiburg-Rüter: Der literarische Kritiker Karl Gutzkow. 1930. – Elizabeth McConkey: Karl Gutzkow as Literary Critic, with Special Emphasis on the Period 1852–1862. Diss. Chicago 1941. – Eitel Wolf Dobert: Karl Gutzkow und seine Zeit. 1968.

Dramatik

Allgemeines:

Robert F. Arnold: Tendenz- und Gegenwartsdrama, in: Das deutsche Drama, hrsg. v. R. F. A. 1925, S. 605–619. – Paul Malthan: Das Junge Deutschland und das Lustspiel. 1930, S. 73–77: »Lustspiel und Trauerspiel«. – Hanna Bessler: Studien zum Historischen Drama des Jungen Deutschland. Diss. Leipzig 1935. – Susanne Ghirardini-Kurzweil: Das Theater in den politischen Strömungen der Revolution von 1848. Diss. München 1960. – Horst Denkler: Das Drama der Jungdeutschen. Glanz und Elend eines Erneuerungsversuchs, in: Zs. f. dt. Philol. XCI, 1972, Sonderheft »Heine u. s. Zeit«, S. 110–130; ders.: Restauration und Revolution. Politische Tendenzen im deutschen Drama zwischen Wiener Kongreß und Märzrevolution. 1973, S. 254–276.

Gutzkow:

Heinrich Hubert Houben: Studien über die Dramen Karl Gutzkows. I. Hinterlassene Dramen-Entwürfe. II. »Ein weißes Blatt«. Diss. Greifswald 1898. – August Caselmann: Karl Gutzkows Stellung zu den religiös-ethischen Problemen seiner Zeit. 1900. – Heinrich Hubert Houben: Karl Gutzkows Dramen, in seiner Ausgabe von Gutzkows »Ausgewählten Werken in zwölf Bänden«.

o. J. (1908). Bd II, S. 3–59. – Paul Weiglin: Gutzkows und Laubes Literaturdramen. 1910. (Zu »Richard Savage«) – Eduard Metis: Gutzkow als Dramatiker. 1915. – Eitel Wolf Dobert: s. o. S. 97. – Edward McInnes: German Social Drama. 1840–1900. 1976, S. 11–24.

3. Hebbel und die »Tragödie des Bürgertums«

In die Schluß-Phase führt Hebbel das deutsche bgl. Tr. mit seiner »Maria Magdalena«, die im Untertitel eigens als Exemplar der Gattung ausgewiesen ist (der Druckfehler der Erstausgabe, 1844, »Maria Magdalene«, hat sich stellenweise bis heute behauptet). Vom Jungen Deutschland und insbesondere von Gutzkow – mit dem ihn die Zeitgenossen gelegentlich in einem Atem nannten, mit dem er auch selbst zeitweilig »gemeinschaftlich streben« zu können glaubte (Tgb. 5159, vgl. 1652) und dem er in »Mein Wort über das Drama!« immerhin das Verdienst zubilligte, das »sociale Thema« aufgegriffen zu haben – trennt Hebbel sich jedoch gerade als Theoretiker und Praktiker des bgl. Tr. grundsätzlich. Nicht nur schienen ihm Gutzkows bgl. Tr. »Richard Savage« und »Werner« trivial und armselig (Tgb. 1771, 1925), nicht nur blieben für ihn Gutzkows Werke generell sogar noch hinter Iffland und Kotzebue zurück (Tgb. 3852). Vor allem störte ihn die »fatale tendenziöse Spitze, die durch so viele Arbeiten des jungen Deutschlands, wie eine Stecknadel, hindurchging« (»Sämtliche Werke«, hrsg. v. R. M. Werner, ²XII, 1904, S. 214). Für das eigene bgl. Tr. behauptete er dagegen im Vorwort eine tendenzfreie, philosophisch allgemeinere Zeitgemäßheit (s. u. S. 99 f.), die sich von der allzu aktuellen und unpoetischen Gutzkows unterscheide und mit der er den erfolgreichen Gutzkow auf dem Theater auszustechen hoffte (an Julius Campe, 2. Juni 1844).

Bei Hebbel hat die Bezeichnung »bgl. Tr.« einen neuen Sinn.

Daß er den Untertitel hinzugefügt habe, »um nicht den Eindruck entstehen zu lassen, es handle sich – wie bei ›Judith‹ – um die Dramatisierung eines biblischen Stoffes« (Pörnbacher, S. 12), trifft nicht zu. Wohl hat er, um »Mißverständnissen« zuvorzukommen, auf das Manuskript, das er am 11. Dez. 1843 der Schauspielerin Auguste Stich-Crelinger zur Begutachtung schickte, »für's Erste den allgemeinen [Titel]: ein bürgerliches Trauerspiel! gesetzt«. Aber schon als das Werk noch unbiblisch »Klara« heißen sollte, nannte er es »das bürgerliche Trauerspiel Klara« (Tgb. 2408, 28. Dez. 1841), und 1843 meldet das Tagebuch mehrfach die Arbeit am »bürgerlichen Trauerspiel«, wobei dies als alleiniger Titel fungiert (Tgb. 2677, 2801, 2910, 2926; vgl. an Elise Lensing, 5. Dez. 1843). Hebbel war sich weiterhin über die Neudeutung, der er den Begriff »bgl. Tr.« unterzog, im klaren. Der konventionelle Begriff trat ihm in Stücken wie »Der Hofmeister«, »Die Soldaten« und »Emilia Galotti« entgegen, die er in der Konzeptionszeit der »Maria Magdalena« (1839) gelesen hat (Zincke, S. 39–42). Diesen Typus, dem auch noch das bgl. Tr. Gutzkows angehört (Standeskonflikt; Spannung von gesellschaftlicher Konvention und vulgär-rousseauistischer »Natur«), suchte er umzugestalten:

»Es war meine Absicht, das bürgerliche Trauerspiel zu regeneriren und zu zeigen, daß auch im eingeschränktesten Kreis eine zerschmetternde Tragik möglich ist, wenn man sie nur aus den rechten Elementen, aus den diesem Kreise selbst angehörigen, abzuleiten versteht. Gewöhnlich haben die Poeten, wenn sie bürgerliche Trauerspiele zu schreiben sich herabließen, es darin versehen, daß sie den derben, gründlichen Menschen, mit denen sie es zu thun hatten, allerlei übertriebene Empfindeleien oder eine stöckige Bornirtheit andichteten, die sie als amphibienhafte Zwitter-Wesen, die eben nirgends zu Hause waren, erscheinen ließen« (Tgb. 2910, 4. Dez. 1843).

»Speciell hatte ich bei diesem Stück noch die Absicht, das bürgerliche Trauerspiel einmal aus den dem bürgerlichen Kreise ursprünglich eigenen Elementen, die nach meiner Ansicht einzig und allein in einem tiefen, gesunden und darum so leicht verletzlichen Gefühl und einem durch keinerlei Art von Dialectik und kaum durch das Schicksal selbst zu durchbrechenden Ideenkreis bestehen, aufzubauen. Wenn dies Stück daher, abgesehen von der größeren Kette, in der es ein nothwendiges Glied bildet, ein partielles Verdienst hat, so dürfte es darin liegen, daß hier das Tragische nicht aus dem Zusammenstoß der bürgerlichen Welt mit der vornehmen, woraus freilich in den meisten Fällen auch nur ein gehaltloses Trauriges hervorgeht, abgeleitet ist, sondern ganz einfach aus der bürgerlichen Welt selbst, aus ihrem zähen und in sich selbst begründeten Beharren auf den überlieferten patriarchalischen Anschauungen und ihrer Unfähigkeit, sich in verwickelten Lagen zu helfen« (an Auguste Stich-Crelinger, 11. Dez. 1843).

Hebbel verabsolutiert damit einen Aspekt des geniezeitlichen bgl. Tr.: die Kritik am Bürgertum. Erst bei ihm wird so aus dem bgl. Tr. »die Tragödie des Bürgertums« (Eloesser, S. 216), das »Trauerspiel des Bürgerlichen« (Christian Janentzky im »Jb. d. Freien Dt. Hochstifts«, 1936/40, S. 13). Statt des gesellschaftlichen Daseins schlechthin oder des Klassenkonflikts ist nun *ein* Stand und sein typisches Denken und sittliches Verhalten Gegenstand der Anklage und Ursache des Tragischen: die kleinbürgerliche Geistigkeit, ihre Gebundenheit an »das *man*« (May), an das Meinen der anderen, an die in diesem Kreis gültigen engen und formalistischen Anschauungen von Ehre und Schande. »Mit der ›Maria Magdalena‹ hat sich das bürgerliche Drama, einst ein Organ des Emanzipationskampfes, gegen das Bürgertum selbst gekehrt«, das sich mittlerweile politisch und sozial durchgesetzt hat (Eloesser, S. 217). Gerichtet wird die am Äußerlichen haftende, enthumanisierende bürgerliche Mentalität Meister Antons durch die menschlichere, fundamentalere Sittlichkeit, die Klara und zum Schluß der Sekretär verkörpern. Selbst der symbolische Titel, der die von den Pharisäern verachtete Sünderin im Lukas-Evangelium meint (7, 36–50), der von Jesus vergeben wird, verweist auf diesen Gegensatz (Glenn).

Das im soziologischen Sinne Bürgerliche oder Kleinbürgerliche der verurteilten Moralanschauung hat Hebbel jedoch im Stück selbst ebensowenig expressis verbis artikuliert wie im Titel. Alles Ideologische versuchte er im Stück vielmehr gerade nicht direkt auszusprechen; »ganz *Bild,* nirgends *Gedanke*« sollte es sein (an Elise Lensing, 23. März 1843). Denn »es kam darauf an, durch das einfache Lebensbild selbst zu wirken und alle Seitenblicke des Gedankens und der Reflexion zu vermeiden, da sie mit den dargestellten Characteren sich nicht vertragen. Das ist aber schwerer, als man denkt, wenn man es gewohnt ist, die Erscheinungen und Gestalten, die man erschafft, immer auf die Ideen, die sie repräsentieren, überhaupt auf das Ganze und Tiefe des Lebens und der Welt zurück zu beziehen. Ich hatte mich also sorgfältig zu hüten, mich bei der Arbeit zu erhitzen, um nicht über den beschränkten Rahmen des Gemäldes hinweg zu sehen und Dinge hinein zu bringen, die nicht hinein gehören, obgleich es eben diese Dinge sind, die mich am meisten reizen« (Tgb. 2910). Daher auch die Bemerkung, es seien alle Personen des Stücks »im Recht« (an Elise Lensing, 5. Dez. 1843), man möge insbesondere Meister Anton, der Klara »in den Tod hinein treibt«, nicht »gram werden« (an Auguste Stich-Crelinger, 11. Dez. 1843). Diese schon ans Artistische grenzende darstellerische Objektivität tritt an die Stelle der jungdeutschen »Tendenz« (deren Fehlen bereits die zeitgenössische Kritik der »Maria Magdalena« immer wieder hervorgehoben hat, wofür Hebbel ihr dankbar war; s. den Brief an H.

Th. Rötscher vom 22. Dez. 1847; vgl. »Sämtliche Werke«, Bd ²XI, S. 58: »ohne specielle Tendenz«). Erkauft wird die Deutungsabstinenz des Dramatikers aber mit der Verschleierung der Intentionen des Theoretikers und Gesellschaftskritikers: ist Meister Antons Verhalten zureichend zu erklären aus den materiellen und geistigen Bedingungen seines Standes, soweit sie dargestellt werden, oder ist es nicht vorwiegend determiniert durch seine obsessive psychische Disposition, die nicht primär durch gesellschaftliche Umstände verursacht ist? Und ist folglich das Tragische der Absicht gemäß wirklich »aus der bürgerlichen Welt« als geistig-sozialem Raum »abgeleitet«? Nicht zufällig sehen die neueren, ganz auf das Drama selbst und seine Bildersprache konzentrierten Interpretationen von May und besonders Stern denn auch von gesellschaftskritischen Implikationen so gut wie ganz ab. Sie erkennen in »Maria Magdalena« vielmehr die Gestaltung einer »Urerfahrung des Dichters« (Stern), nämlich der zwanghaften Bedrängtheit in der seelischen Enge: den »poetischen Ausdruck eines eigenen Lebens und Leidens an der Gebundenheit« (May, S. 292). Die Crux ist jedoch, daß diese originäre, biographisch faßbare Gebundenheit Hebbels in hohem Grade auch wieder eine soziale war – was begründen mag, warum man beim Durchdenken der Gestaltung dieser »Urerfahrung« im Werk kaum aus dem analogen Zirkel herauskommt; es sei denn, man urteilt, Antons überaus starke »aboriginal quality of self which precedes all social definition« könne sich ironischerweise eben nur in der verzehrenden Leidenschaft für die soziale Konformität verwirklichen (McInnes [s. o. S. 69], S. 78–80). Das aber läuft letztlich doch wieder auf eine Deskription des Sachverhalts hinaus, der nach wie vor zur Kritik herausfordert, wenn man ihn von Hebbels Theorie des bgl. Tr. aus zu verstehen sucht.

Öffentlich und literarhistorisch bewußt hat Hebbel den intendierten neuen Typus des bgl. Tr. in dem nach Abschluß der »Maria Magdalena« geschriebenen Vorwort gegen die Schwächen des herkömmlichen bgl. Tr. abgegrenzt, damit aber zugleich einen weiteren Widerspruch zum Text heraufbeschworen:

»Das bürgerliche Trauerspiel ist in Deutschland in Mißcredit gerathen, und hauptsächlich durch zwei Uebelstände. Vornähmlich dadurch, daß man es nicht aus seinen *inneren*, ihm allein eigenen, Elementen, aus der schroffen Geschlossenheit, womit die aller Dialectik unfähigen Individuen sich in dem beschränktesten Kreis gegenüber stehen, und aus der hieraus entspringenden schrecklichen *Gebunden-*

heit des *Lebens* in der *Einseitigkeit* aufgebaut, sondern es aus allerlei *Aeußerlichkeiten*, z. B. aus dem Mangel an Geld bei Ueberfluß an Hunger, vor Allem aber aus dem Zusammenstoßen des dritten Standes mit dem zweiten und ersten in Liebes-Affairen, zusammen geflickt hat. Daraus geht nun unläugbar viel Trauriges, aber nichts Tragisches, hervor, denn das Tragische muß als ein von vorn herein mit Nothwendigkeit Bedingtes, als ein, wie der Tod, mit dem Leben selbst Gesetztes und gar nicht zu Umgehendes, auftreten [...]. Dann auch dadurch, daß unsere Poeten, wenn sie sich einmal zum Volk hernieder ließen, weil ihnen einfiel, daß man doch vielleicht bloß ein Mensch sein dürfe, um ein Schicksal, und unter Umständen ein ungeheures Schicksal haben zu können, die gemeinen Menschen, mit denen sie sich in solchen verlorenen Stunden befaßten, immer erst durch schöne Reden, die sie ihnen aus ihrem eigenen Schatz vorstreckten, adeln, oder auch durch stöckige Bornirtheit noch unter ihren wirklichen Standpunct in der Welt hinab drücken zu müssen glaubten, so daß ihre Personen uns zum Theil als verwunschene Prinzen und Princessinnen vorkamen, die der Zauberer aus Malice nicht einmal in Drachen und Löwen und andere respectable Notabilitäten der Thierwelt, sondern in schnöde Bäckermädchen und Schneidergesellen verwandelt hatte, zum Theil aber auch als belebte Klötze, an denen es uns schon Wunder nehmen mußte, daß sie Ja und Nein sagen konnten. Dieß war nun, wo möglich, noch schlimmer, es fügte dem Trivialen das Absurde und Lächerliche hinzu [...]. Diese beiden Uebelstände machen das Vorurtheil gegen das bürgerliche Trauerspiel begreiflich, aber sie können es nicht rechtfertigen, denn sie fallen augenscheinlich nicht der Gattung, sondern nur den Pfuschern, die in ihr gestümpert haben, zur Last« (»Sämtliche Werke«, Bd [2]XI, S. 62–63).

Angesichts der auch am Schluß des Vorworts noch einmal nachdrücklich betonten unabänderlichen Notwendigkeit, mit der die Ereignisse im Drama herbeigeführt werden sollen, stellt sich die umstrittene Frage, ob in »Maria Magdalena« endgültig tatsächlich die bezeichnete Zwangsläufigkeit herrsche, Hebbel hier also deterministisch die »Tragödie des totalen Nihilismus« schreibe (v. Wiese, S. 595) oder ob nicht gerade in Klaras Haltung vielmehr die – tragische – Möglichkeit der sittlichen Freiheit des Menschen gegenüber dem Geschehen sichtbar werde (Ziegler, S. 107–108). Damit nicht unverbunden ist die ebenfalls widersprüchlich beantwortete Frage, ob die aus der »Maria Magdalena« zu erschließende politische Einstellung des Autors sozial konservativ oder eher fortschrittlich im Sinne der 1848 kulminierenden Liberalisierungsbewegung sei (Dosenheimer, »Das deutsche soziale Drama«, S. 92; Streller, S. 103–104, 113–114).

Das von Hebbel selbst bemerkte Dilemma: daß ihm die

»Ideen« das Interessanteste seien, diese aber in einem »Lebensbild« einfacher Menschen schon um des Realismus der Darstellung willen nicht ausgesprochen werden könnten, tritt schließlich noch in einem dritten Aspekt der problematischen Beziehung von Text und Theorie zutage. Das Vorwort weist dem Drama eine Funktion im »welthistorischen Proceß« zu, in dem das Verhältnis von jeweiligem »Welt- und Menschen-Zustand« einerseits und »Idee«, nämlich »dem Alles bedingenden sittlichen Centrum [...] im Welt-Organismus«, andererseits eine Wandlung erfahre. Das Drama soll diesen Prozeß vorantreiben helfen, in diesem Sinne also zeitgemäß sein; es soll das Ende eines überlebten, den Beginn eines neuen sittlichen »Weltzustands« darstellen und so dazu beitragen, eine »neue Form der Menschheit« zu »erzeugen« (Bd ²XI, S. 40–44). Aus solcher Perspektive gesehen, wäre selbst die schneidende Tragik der »Maria Magdalena« noch »voll Versöhnung« (an Elise Lensing, 26. März 1843). Mit Meister Antons Schlußwort (»Ich verstehe die Welt nicht mehr!«) mag auf ein solches »Brechen der Weltzustände« (Bd ²XI, S. 44) hingedeutet sein; aber das wäre der einzige Hinweis. Gewiß durchzieht der Gegensatz von alter und neuer Generation, alter und neuer Zeit das ganze Stück im Gegeneinander von Vater und Sohn, und gewiß wird die Haltung Antons – verstehend – verurteilt. Aber es ist fragwürdig, ob gerade dieser Gegensatz mit der Ahnung des Heraufkommens einer höheren sittlichen Entwicklungsstufe der Menschheit in Verbindung zu bringen ist, die doch von Klaras, nicht ihres Bruders, sittlichem Sein ausgeht und darüber hinaus von der – zu späten – moralischen Einsicht des Sekretärs. Die Deuter sind daher uneins: der Behauptung, es werde der Anbruch einer neuen Welt im Zusammenbruch der alten geahnt (Dosenheimer, »Das zentrale Problem«, S. 65), steht die entgegen, daß die behauptete »Versöhnung« und die geschichtsphilosophische Ideologie im Stück selbst einfach nicht verwirklicht seien (v. Wiese, S. 595–596) – sehr im Gegensatz etwa zu »Agnes Bernauer«, wo derartige Thematik jedenfalls diskutiert wird.

Literatur:

Vgl. die Bibliographie zur Geschichte des deutschen bgl. Tr. o. S. 15–16.

Heinrich *Steves:* Fr. Hebbels Verhältnis zu den politischen und sozialen Fragen. Diss. Greifswald 1909.

Elise *Dosenheimer:* Das zentrale Problem in der Tragödie Friedrich Hebbels. 1925, Kap. VI.

Grete *Pogge:* Hebbel und das Problem der inneren Form im bürgerlichen Trauerspiel. Diss. (Masch.) Hamburg 1925.

Klaus *Ziegler:* Mensch und Welt in der Tragödie Friedrich Hebbels. 1938. Reprint 1966, Kap. IV, 1.

Kurt *May:* »Maria Magdalene« im Zusammenhang der jüngsten Hebbelforschung, in: Dichtung u. Volkstum XLIII, 1943, S. 32–61. Umgearbeitet in: K. M.: Form und Bedeutung. Interpretationen deutscher Dichtung des 18. u. 19. Jhs. 1957, S. 273–298.

Paul *Husfeldt:* Der Mythos in Hebbels Drama erläutert an »Maria Magdalene«, in: Dichtung u. Volkstum XLIII, 1943, S. 61–69.

Benno *von Wiese:* Die deutsche Tragödie von Lessing bis Hebbel. 1948. 8 1973, Kap. XXIII.

Martin *Stern:* Das zentrale Symbol in Hebbels »Maria Magdalene«, in: Wirkendes Wort IX, 1959, S. 338–349. Überarbeitet und erweitert in: Hebbel in neuer Sicht, hrsg. v. Helmut Kreuzer. 1963, S. 228–246.

Anni *Meetz:* Friedrich Hebbel. (Slg Metzler. 18). 1962. 3 1973, Kap. II, 3.

Jerry H. *Glenn:* The Title of Hebbel's »Maria Magdalena«, in: Papers on Language and Literature III, 1967, S. 122–133.

Joachim *Müller:* Zur motivischen und dramaturgischen Struktur von Hebbels »Maria Magdalena«, in: Hebbel-Jb., 1968, S. 45–76.

Karl *Pörnbacher* (Hrsg.): Friedrich Hebbel: »Maria Magdalena«. (Erläuterungen und Dokumente). 1970.

Siegfried *Streller:* »Maria Magdalene«. Die Wandlung des bürgerlichen Trauerspiels bei Friedrich Hebbel, in: Studien zur Literaturgeschichte u. Literaturtheorie, hrsg. v. Hans-Günther Thalheim u. Ursula Wertheim. 1970, S. 101–115.

Herbert *Kraft:* Poesie der Idee. Die tragische Dichtung Friedrich Hebbels. 1971, S. 104–122.

Edward Mc*Innes:* »Maria Magdalena« and the Bürgerliches Trauerspiel, in: Orbis Litterarum XXVIII, 1973, S. 46–67. (Auch in: McInnes: German Social Drama. 1840–1900. 1976.)

4. Ausblick

Hebbel blieb ohne Nachfolger, die seinen hohen Anforderungen an die Stringenz des Tragischen im bgl. Tr. entsprochen hätten. Schon in der ersten Hälfte der vierziger Jahre mehren sich die Stimmen, die das bürgerliche Drama in Bausch und Bogen als unzeitgemäß abtun (Dithmar, S. 27, 70–72). Speziell dem tragischen bürgerlichen Drama bescheinigt der Hegelianer Julius *Mosen,* daß es Produkt einer Vergangenheit sei, die kein Nationalgefühl und keinen Sinn für ihre welthistorische Bedeutung besessen habe; die Zukunft gehöre der geschichtlichen Tragödie (Vorrede zu seinem »Theater«, 1842). Hermann *Hettners* Versuch, solchen »mehrfachen Stimmen« zum Trotz gerade das bgl. Tr. als Gebot der sozialgeschichtlichen Stunde und als Gattung der Zukunft zu propagieren (»Das moderne Drama«, 1852), ist kein positives Echo beschieden gewesen. Eine Art Nachruf ex parte infidelium ist es, wenn *Grillparzer* 1859/60 das bgl. Tr. als eine der »zwei schlechtesten Gattungen, die es gibt«, brandmarkt (Tagebuchnotiz). Die Untertitelbezeichnung »bgl. Tr.« verschwindet schon seit den vierziger Jahren. Und was unter den nicht mit diesem Etikett versehenen Dramen gelegentlich als bgl. Tr. deklariert wird, besonders Otto *Ludwigs* Tragödien »Die Rechte des Herzens«, »Die Pfarrose« und vor allem »Der Erbförster«, kann nicht als bgl. Tr. in irgendeiner der historisch belegten Wortbedeutungen angesehen werden. Charaktertragödien in bürgerlichem Milieu sind keine bgl. Tr.

Der Verfall des bgl. Tr. seit den vierziger Jahren ist nicht nur vor dem Hintergrund des allgemeinen Niedergangs der deutschen Tragödie seit der Jahrhundertmitte zu sehen (Martini). Der Hauptgrund für das Aussterben der Gattung liegt in der sozialgeschichtlichen Entwicklung: die Themen des bgl. Tr. fangen an, sich zu überleben, wie die Zeitgenossen bemerken (Dithmar, S. 70–72). *Hettner* bezeugt 1852, daß der Standesunterschied, bei *Gutzkow* noch akut, für ein Zeitstück nicht mehr aktuell genug sei (Neudruck, S. 89). Und daß auch die interne Tragik des Bürgertums, also *Hebbels* Variation des bürgerlich Tragischen, nicht mehr den Nerv der Zeit trifft, ist bereits Arnold *Ruges* Besprechung der »Maria Magdalena« (»Leipziger Revue«, 1847) wie auch der von Friedrich Theodor *Vischer* (»Jahrbücher der Gegenwart«, 1847) zu entnehmen (vgl. Beer, S. 53, 59). Selbst bei *Hettner* ist das zwischen den Zeilen zu lesen, wenn er mehrfach, ohne Namen zu nennen, von den »Proletarierstücken«, »Proletariatstragödien«, »sozialistischen Volksdramen« der Jahrhundertmitte als wahrem Ausdruck der Zeitmentalität und Symptom einer neuen Entwicklung spricht, die zur Gestaltung der »sozialen Fragen« in der »Tragödie der Idee« führen werde (Neudruck, S. 75, 83, 91–94). Verdrängt werden die Probleme des Bürgertums durch die »soziale Frage«, die sich stellt mit dem seit der Jahrhundertmitte aufkommenden Industrieproletariat. Das bgl. Tr. weicht dem sozialen Drama. Diskussionsthema ist das bgl. Tr.

allenfalls noch für Paul *Ernst* um die Jahrhundertwende; er lehnt es allerdings mit der Überlegung ab, soziale Gebundenheit gehe Hand in Hand mit dem Mangel an jener sittlichen Freiheit, die als Grundbedingung des Tragischen zu gelten habe (»Der Weg zur Form«, 1906). Noch 1921 hört man ein Echo davon bei Hofmannsthal: »Die Tragödie gibt ihrem Helden, dem Individuum, die künstliche Würde: sie macht ihn zum Halbgott und hebt ihn über die bürgerlichen Verhältnisse hinaus. [...] Ein bürgerliches Trauerspiel ist vollends ein Unding, denn die bürgerliche Welt ist die Welt des sozial Bedingten und die Tragödie entfaltet sich am sozial Unbedingten« (»Prosa«, IV, S. 40).

Ein isolierter Vorläufer der Proletariertragödie ist in den dreißiger Jahren *Büchners* »Woyzeck«, der jedoch erst 1879 veröffentlich wurde – zugleich ein sehr individueller Vorläufer, da das spezifisch Ständische, die soziale Gebundenheit, nicht eigentlich als Verhängnis ins Spiel gebracht wird; vielmehr zeigt »Woyzeck« den kreatürlichen, leidenden Menschen als Opfer von anonymen elementaren Kräften, die seinem lenkenden Zutun und Verständnis entzogen bleiben (Dosenheimer, Müller-Seidel [s. o. S. 15]; daher auch die Möglichkeit einer existentialistischen Interpretation wie z. B. bei Karl Schmid, »Georg Büchner«, 1940). Proletariertragödie im genaueren Wortsinne (Stand, Milieu, »Verhältnisse« als Schicksal) entwickelt sich in literarisch ernstzunehmender Form erst im Naturalismus. Bei Gerhart *Hauptmann*, besonders in »Rose Bernd«, wird sie variiert durch die Auffassung des Tragischen als Umgebensein des Menschen von urtümlichen Mächten, die weit über die gesellschaftlichen hinausgehen, sich aber in ihnen bekunden können – ähnlich wie bei Büchner, den der junge Hauptmann schätzte und entdecken half.

Soweit das Bürgertum als gesellschaftliches Phänomen *nach* »Maria Magdalena« noch im deutschen Drama erscheint*, wird es, anstatt Träger des Tragischen, Gegenstand einer Feindseligkeit, die zum Satirischen und Karikaturistischen neigt: das emanzipierte Bürgertum als Unterdrücker des vierten Standes und Vertreter einer verlogenen Ideologie (Naturalismus), als höhnisch verzerrtes Gegenbild zum »fünften Stand« der außergesellschaftlichen freien Menschen (Wedekind) oder als Inbe-

---

* Als Untertitel kommt »bgl. Tr.« noch vor bei Hermann *Bahr*, »Die große Sünde« (1889) und Erich *Schlaikjer*, »Heinrich Lornsen« (1900); vgl. Iwan *Heilbut*, »Bürgertragödie« (1929).

griff des konventionell erstarrten gesellschaftlichen Seins, das der substantiellen Regeneration des Menschen im Wege steht (Expressionismus). Mehr als das bgl. Tr. entsprechen solchen Sichtweisen die »bgl. Tragikomödie« (Felix Langer, »Lore Ley, die bürgerliche Tragikomödie«, 1913) und das »bgl. Lustspiel« (Untertitel von Herbert Eulenbergs »Der natürliche Vater«, 1909, Sternheims »Die Hose«, 1911, und noch von Peter Hacks' »Der Müller von Sanssouci«, 1958). Und wenn in neuster Zeit der Untertitel »bgl. Tr.« dennoch gewählt wird, dann nur noch mit literarhistorischer Ironie wie in Rainer Werner Fassbinders »Bremer Freiheit« (1971) und Adolf Muschgs »Rumpelstilz« (1968).

Literatur:
Vgl. o. S. 15–16.

Allgemeines:

Hermann Hettner: Das moderne Drama. 1852. Neudruck: DLD. Nr 151. 1924. Reprint 1971, bes. Kap. II: »Das bürgerliche Drama«, Abschnitt 2: »Das bürgerliche Trauerspiel«. – Karl Borinski: Das Theater. Sein Wesen, seine Geschichte, seine Meister. 1899, Kap. VI: »Das bürgerliche Trauerspiel (›Gesellschaftsstück‹)«. – Oskar Beer: Hebbels »Judith« und »Maria Magdalena« im Urteil seiner Zeitgenossen. Diss. Freiburg 1909. – Kuno Brombacher: Der deutsche Bürger im Literaturspiegel von Lessing bis Sternheim. 1920. – Werner Wirths: Der Übergang vom bürgerlichen zum sozialen Drama in Deutschland. Diss. (Masch.) Freiburg 1928. – Marianne Thalmann: Die Anarchie im Bürgertum. Ein Beitrag zur Entwicklungsgeschichte des liberalen Dramas. 1932. – Elise Dosenheimer: Das deutsche soziale Drama von Lessing bis Sternheim. 1949. Reprint 1967. – Fritz Martini: Drama und Roman im 19. Jh. Perspektiven auf ein Thema der Formengeschichte, in: Gestaltprobleme der Dichtung, hrsg. v. Richard Alewyn u. a. 1957, S. 207–237. – Margret Dietrich: Europäische Dramaturgie im 19. Jh. 1961. – Fritz Martini: Deutsche Literatur im bürgerlichen Realismus, 1848–1898. 1962. [3]1974, S. 116–236: »Das Drama«. – Friedrich Knilli u. Ursula Münchow (Hrsg.): Frühes deutsches Arbeitertheater, 1847–1918. Eine Dokumentation. 1970, Einführung.

Otto Ludwig:

Brigitte E. Schatzky: Otto Ludwig's »Der Erbförster« as a Bürgerliches Trauerspiel, in: GLL VI, 1952, S. 267–274.

Naturalismus und Gerhart Hauptmann:

Max Günther: Die soziologischen Grundlagen des naturalistischen Dramas der jüngsten deutschen Vergangenheit. Diss. Leipzig 1912. – Benno Manns: Das Proletariat und die Arbeiterfrage im deutschen

Drama. Diss. Rostock 1913. – Carter Kniffler: Die ›sozialen‹ Dramen der achtziger und neunziger Jahre des 19. Jhs und der Sozialismus. Diss. Frankfurt 1929. – Josef Hundt: Das Proletariat und die soziale Frage im Spiegel der naturalistischen Dichtung (1884–1890). Diss. Rostock 1931. – Hans Joachim Schrimpf: Hauptmann: »Rose Bernd«, in: Das deutsche Drama, hrsg. v. Benno v. Wiese. 1958. ²1960. Bd II, S. 166–185. – Warren R. Maurer: Hebbel im Urteil der Naturalisten, in: Hebbel-Jb., 1967, S. 107–138. – Ursula Münchow: Deutscher Naturalismus. 1968. – Sigfrid Hoefert: Das Drama des Naturalismus. (Slg Metzler. 75). 1968. ²1973. – Martin Machatzke: Geschichtliche Bedingungen des sozialen Dramas in Deutschland um 1890, in: Michigan Germanic Studies I, 1975, S. 283–300. – Edward McInnes (s. o. S. 104), S. 96–229. – Dietmar Trempenau: Frühe sozialdemokratische und sozialistische Arbeiterdramatik (1890–1914). 1979.

Expressionismus und Wedekind:

Rudolf Baucken: Bürgerlichkeit, Animalität und Existenz im Drama Wedekinds und des Expressionismus. Diss. (Masch.) Kiel 1950. – Johannes Mittenzwei: Karl Sternheims Kritik am Bürgertum im Rahmen einer Darstellung des Pessimismus. Diss. (Masch.) Jena 1952. – Fritz Martini: Soziale Thematik und Formwandlungen des Dramas, in: Der Deutschunterricht, 1953, Heft 5, S. 73–100. – Hans H. Fritze: Über das Problem der Zivilisation im Schaffen Georg Kaisers. Diss. (Masch.) Freiburg 1955. – Martin Reso: Der gesellschaftlich-ethische Protest im dichterischen Werk Ernst Tollers. Diss. (Masch.) Jena 1957. – Klaus Ziegler: Dichtung und Gesellschaft im deutschen Expressionismus, in: Imprimatur, N. F. III, 1961/62, S. 98–114. – Peter Uwe Hohendahl: Das Bild der bürgerlichen Welt im expressionistischen Drama. 1967. – Klaus Kändler: Drama und Klassenkampf. Beziehungen zwischen Epochenproblematik und dramatischem Konflikt in der sozialistischen Dramatik der Weimarer Republik. 1970. ²1974. – Richard Hamann u. Jost Hermand: Expressionismus. 1975. – Winfried Freund: Die Bürgerkomödien Carl Sternheims. 1976.

Namenregister

SAMMLUNG METZLER

M 1 Raabe *Einführung in die Bücherkunde*
M 4 Grimm *Bertolt Brecht*
M 5 Moser *Annalen der deutschen Sprache*
M 6 Schlawe *Literarische Zeitschriften 1885–1910*
M 7 Weber/Hoffmann *Nibelungenlied*
M 8 Meyer *Eduard Mörike*
M 9 Rosenfeld *Legende*
M 10 Singer *Der galante Roman*
M 12 Nagel *Meistersang*
M 13 Bangen *Die schriftliche Form germanist. Arbeiten*
M 14 Eis *Mittelalterliche Fachliteratur*
M 15 Weber/Hoffmann *Gottfried von Straßburg*
M 16 Lüthi *Märchen*
M 17 Wapnewski *Hartmann von Aue*
M 18 Meetz *Friedrich Hebbel*
M 19 Schröder *Spielmannsepik*
M 20 Ryan *Friedrich Hölderlin*
M 22 Danzel *Zur Literatur und Philosophie der Goethezeit*
M 24 Schlawe *Literarische Zeitschriften 1910–1933*
M 25 Anger *Literarisches Rokoko*
M 26 Wodtke *Gottfried Benn*
M 27 von Wiese *Novelle*
M 28 Frenzel *Stoff-, Motiv- und Symbolforschung*
M 29 Rotermund *Christian Hofmann von Hofmannswaldau*
M 30 Galley *Heinrich Heine*
M 31 Müller *Franz Grillparzer*
M 32 Wisniewski *Kudrun*
M 33 Soeteman *Deutsche geistliche Dichtung des 11. u. 12. Jh.s*
M 34 Taylor *Melodien des Mittelalters I: Darstellung*
M 35 Taylor *Melodien des Mittelalters II: Materialien*
M 36 Bumke *Wolfram von Eschenbach*
M 37 Engel *Handlung, Gespräch u. Erzählung. Faksimiledruck*
M 38 Brogsitter *Artusepik*
M 40 Halbach *Walther von der Vogelweide*
M 41 Hermand *Literaturwissenschaft und Kunstwissenschaft*
M 43 Glinz *Deutsche Syntax*
M 44 Nagel *Hrotsvit von Gandersheim*
M 45 Lipsius *Von der Bestendigkeit. Faksimiledruck*
M 46 Hecht *Christian Reuter*
M 47 Steinmetz *Die Komödie der Aufklärung*
M 48 Stutz *Gotische Literaturdenkmäler*
M 49 Salzmann *Kurze Abhandlungen. Faksimiledruck*
M 50 Koopmann *Friedrich Schiller I: 1759–1794*
M 51 Koopmann *Friedrich Schiller II: 1794–1805*
M 52 Suppan *Volkslied*
M 53 Hain *Rätsel*
M 54 Huet *Traité de l'origine des romans. Faksimiledruck*

M 55 Röhrich *Sage*
M 56 Catholy *Fastnachtspiel*
M 57 Siegrist *Albrecht von Haller*
M 58 Durzak *Hermann Broch*
M 59 Behrmann *Einführung in die Analyse von Prosatexten*
M 60 Fehr *Jeremias Gotthelf*
M 61 Geiger *Reise eines Erdbewohners i. d. Mars. Faksimiledruck*
M 62 Pütz *Friedrich Nietzsche*
M 63 Böschenstein-Schäfer *Idylle*
M 64 Hoffmann *Altdeutsche Metrik*
M 65 Guthke *Gotthold Ephraim Lessing*
M 66 Leibfried *Fabel*
M 67 von See *Germanische Verskunst*
M 68 Kimpel *Der Roman der Aufklärung (1670–1774)*
M 69 Moritz *Andreas Hartknopf. Faksimiledruck*
M 70 Schlegel *Gespräch über die Poesie. Faksimiledruck*
M 71 Helmers *Wilhelm Raabe*
M 72 Düwel *Einführung in die Runenkunde*
M 73 Raabe *Einführung in die Quellenkunde*
M 74 Raabe *Quellenrepertorium*
M 75 Hoefert *Das Drama des Naturalismus*
M 76 Mannack *Andreas Gryphius*
M 77 Straßner *Schwank*
M 78 Schier *Saga*
M 79 Weber-Kellermann *Deutsche Volkskunde*
M 80 Kully *Johann Peter Hebel*
M 81 Jost *Literarischer Jugendstil*
M 82 Reichmann *Germanistische Lexikologie*
M 83 Haas *Essay*
M 84 Boeschenstein *Gottfried Keller*
M 85 Boerner *Tagebuch*
M 86 Sjölin *Einführung in das Friesische*
M 87 Sandkühler *Schelling*
M 88 Opitz *Jugendschriften. Faksimiledruck*
M 89 Behrmann *Einführung in die Analyse von Verstexten*
M 90 Winkler *Stefan George*
M 91 Schweikert *Jean Paul*
M 92 Hein *Ferdinand Raimund*
M 93 Barth *Literarisches Weimar. 16.–20. Jh.*
M 94 Könneker *Hans Sachs*
M 95 Sommer *Christoph Martin Wieland*
M 96 van Ingen *Philipp von Zesen*
M 97 Asmuth *Daniel Casper von Lohenstein*
M 98 Schulte-Sasse *Literarische Wertung*
M 99 Weydt *H. J. Chr. von Grimmelshausen*
M 100 Denecke *Jacob Grimm und sein Bruder Wilhelm*
M 101 Grothe *Anekdote*
M 102 Fehr *Conrad Ferdinand Meyer*
M 103 Sowinski *Lehrhafte Dichtung des Mittelalters*
M 104 Heike *Phonologie*
M 105 Prangel *Alfred Döblin*
M 106 Uecker *Germanische Heldensage*
M 107 Hoefert *Gerhart Hauptmann*
M 108 Werner *Phonemik des Deutschen*

M 109 Otto *Sprachgesellschaften des 17. Jh.*
M 110 Winkler *George-Kreis*
M 111 Orendel *Der Graue Rock (Faksimileausgabe)*
M 112 Schlawe *Neudeutsche Metrik*
M 113 Bender *Bodmer/Breitinger*
M 114 Jolles *Theodor Fontane*
M 115 Foltin *Franz Werfel*
M 116 Guthke *Das deutsche bürgerliche Trauerspiel*
M 117 Nägele *J. P. Jacobsen*
M 118 Schiller *Anthologie auf das Jahr 1782 (Faksimileausgabe)*
M 119 Hoffmeister *Petrarkistische Lyrik*
M 120 Soudek *Meister Eckhart*
M 121 Hocks/Schmidt *Lit. u. polit. Zeitschriften 1789–1805*
M 122 Vinçon *Theodor Storm*
M 123 Buntz *Die deutsche Alexanderdichtung des Mittelalters*
M 124 Saas *Georg Trakl*
M 126 Klopstock *Oden und Elegien (Faksimileausgabe)*
M 127 Biesterfeld *Die literarische Utopie*
M 128 Meid *Barockroman*
M 129 King *Literarische Zeitschriften 1945–1970*
M 130 Petzoldt *Bänkelsang*
M 131 Fischer *Karl Kraus*
M 132 Stein *Epochenproblem »Vormärz« (1815–1848)*
M 133 Koch *Das deutsche Singspiel*
M 134 Christiansen *Fritz Reuter*
M 135 Kartschoke *Altdeutsche Bibeldichtung*
M 136 Koester *Hermann Hesse*
M 138 Dietz *Franz Kafka*
M 140 Groseclose/Murdoch *Ahd. poetische Denkmäler*
M 141 Franzen *Martin Heidegger*
M 142 Ketelsen *Völkisch-nationale und NS-Literatur*
M 143 Jörgensen *Johann Georg Hamann*
M 144 Schutte *Lyrik des deutschen Naturalismus (1885–1893)*
M 145 Hein *Dorfgeschichte*
M 146 Daus *Zola und der französische Naturalismus*
M 147 Daus *Das Theater des Absurden*
M 148 Grimm u. a. *Einführung in die frz. Lit.wissenschaft*
M 149 Ludwig *Arbeiterliteratur in Deutschland*
M 150 Stephan *Literarischer Jakobinismus in Deutschland*
M 151 Haymes *Das mündliche Epos*
M 152 Widhammer *Literaturtheorie des Realismus*
M 153 Schneider *A. v. Droste-Hülshoff*
M 154 Röhrich-Mieder *Sprichwort*
M 155 Tismar *Kunstmärchen*
M 156 Steiner *Georg Forster*
M 157 Aust *Literatur des Realismus*
M 158 Fähnders *Proletarisch-revolutionäre Literatur*
M 159 Knapp *Georg Büchner*
M 160 Wiegmann *Geschichte der Poetik*
M 161 Brockmeier *François Villon*
M 162 Wetzel *Romanische Novelle*
M 163 Pape *Wilhelm Busch*
M 164 Siegel *Die Reportage*
M 165 Dinse/Liptzin *Jiddische Literatur*

M 166 Köpf *Märendichtung*
M 167 Ebert *Historische Syntax d. Deutschen*
M 168 Bernstein *Literatur d. deutschen Frühhumanismus*
M 169 Leibfried/Werle *Texte z. Theorie d. Fabel*
M 170 Hoffmeister *Deutsche u. europ. Romantik*
M 171 Peter *Friedrich Schlegel*
M 172 Würffel *Das deutsche Hörspiel*
M 173 Petersen *Max Frisch*
M 174 Wilke *Zeitschriften des 18. Jahrhunderts I: Grundlegung*
M 175 Wilke *Zeitschriften des 18. Jahrhunderts II: Repertorium*
M 176 Hausmann *François Rabelais*
M 177 Schlütter *Das Sonett*
M 178 Paul *August Strindberg*
M 179 Neuhaus *Günter Grass*
M 180 Barnouw *Elias Canetti*
M 181 Kröll *Gruppe 47*
M 182 Helferich *G. W. Fr. Hegel*
M 183 Schwenger *Literaturproduktion*
M 184 Naumann *Literaturtheorie u. Geschichtsphilosophie, Teil I*
M 185 Paulin *Ludwig Tieck*
M 186 Naumann *Adalbert Stifter*
M 187 Ollig *Der Neukantianismus*
M 188 Asmuth *Dramenanalyse*
M 189 Haupt *Heinrich Mann*
M 190 Zima *Textsoziologie*
M 191 Nusser *Der Kriminalroman*
M 192 Weißert *Ballade*
M 193 Wolf *Martin Luther*
M 194 Reese *Literarische Rezeption*
M 195 Schrimpf *Karl Philipp Moritz*
M 196 Knapp *Friedrich Dürrenmatt*
M 197 Schulz *Heiner Müller*
M 198 Pilz *Phraseologie*
M 199 Siegel *Sowjetische Literaturtheorie*
M 201 Kaempfer *Ernst Jünger*
M 202 Bayertz *Wissenschaftstheorie u. Paradigma-Begriff*
M 203 Korte *Georg Heym*
M 204 Weissberg *Edgar Allan Poe*
M 205 Wisniewski *Dietrichepik*
M 206 Apel *Literarische Übersetzung*
M 207 Wehdeking *Alfred Andersch*
M 208 Fricke, *Aphorismus*
M 209 Alexander, *Das deutsche Barockdrama*
M 210 Krull, *Prosa des Expressionismus*

J.B. METZLER